はじめに

現代の標準的な暮らしからみると、わたしは少々変わった暮らしをしているのかもしれません。祖母や母の影響もあるかと思いますが、若いころから、いろいろなものをもったいなくて捨てられず、ため込んでしまうタイプでした。そういう「もったいない」との思いを抱きながら、自分が納得できて快適と思える暮らしをいろいろ試してみたところ、本書で紹介しているような暮らし――一日一食、食べ物はゴムベラできれいにぬぐって食べきる、窓辺の断熱やふだんの暮らしに段ボール活用、地域材利用、万事シンプル＆ミニマル等々にいたったのだと思います。こういう暮らしをあらためて見つめてみると、それらが結果的に、地球温暖化などの緩和に多少なりとも役立つかもしれないと思うようになりました。

産業革命前からの地球の気温上昇を１・５度にとどめるために、世界的に、二酸化炭素をはじめとする温室効果ガスの削減目標が表明されていますが、日本も、２０３０年度に２０１３年度比で46％削減し、さらに50％の高みに向けて挑戦を続け、２０５０年度には排出ゼロにするという目標をかかげています。このためには、再生可能エネルギーの導入や各種の技術革新がもっとも重要だといわれていますが、同時に、わたしたち一人ひとりの暮らしを見つめなおし、モノ（生活財）の消費自体を減らし、暮らしにかかわるエネルギーを減らすこともたいせつだと思います。モノやエネルギーの生産と消費のほとんどがわたしたちの暮らしにかかわっているとするならば、単純に考えると、わたしたち一人ひとりが、文化や芸術、余暇活動、教育、福祉、医療等々も含め、広い意味での暮らしにかかわるエネルギーなどを半減すれば、温室効果ガスの排出も半分近くに減らせるのではないかと思います。２０２１年度の部門別エネルギー消費の割合は、企業・事業所等61・9％、運輸部門22・3％、家庭部門15・8％で、[1]家庭部門が少ないように思えますが、これは暖房や冷房、給湯など、直接かかわる部分だけなので、衣食住で利用するモノの製造や廃棄などを総合的にみると、ほとんどが暮らしにかかわるエネルギー消費だといえるのではないでしょうか。気候変動、森林破壊、海洋汚染・酸性化、水不足、食料危機、生物多様性の危機的減少等々、問題は山積していますが、これらにもわたしたちの暮らしの様相が大きくかかわっていると思います。

　これ以上の気候変動等をくい止めることができるような、地球環境と共存する理想の暮らしについて考えてみると、それはやはり、自然の循環のなかで、太陽光や太陽熱などの自然エネルギーを生かし、井戸水や湧き水、雨水などの自然水を活用し、食料をはじめ暮らしにかかわるものをできるだけ自給して、これらをとことん使いきるといった暮らしだと思います。こういった「持続可能な暮らし」を実践するコミュニティである「エコビレッジ」は、たとえば、熊本県宇城市の「サイハテ」や、鹿児島県屋久島町の「アパルイ」など、各地に生まれています。[2][3][4] また、鹿児島県南さつま市の山奥で電気・水道・ガス契約なしの徹底した自然の暮らしをしているテンダーさん、[5][6] 長野県諏訪郡の里山で9坪程度のタイニーハウスに暮らしているミニマリストで「greenz.jp」編集長の増村江利子さん[7]等々、若い方がたの挑戦は、ほんとうにすばらしいと思いますし、いずれも頭の下がる思いです。

人とは幸せを求めるもので、幸せとは、他者の役に立つこと、他者によろこんでもらうことだといわれていますが、この他者を、人を含めて、動物や植物など地球上のあらゆる存在だと考えると、あらゆる存在にとって役立つ暮らし、持続可能な暮らしをすることが、いまの時代、ますます重要になっていますし、それがめぐりめぐって自分自身の幸せと生きるよろこびにつながるのではないかと思います。

こういった理想の暮らしにはとてもおよびませんが、自己紹介を兼ねて、そして、「持続可能な暮らしびと」になりたい！という思いも込めて、現時点のわたしの暮らしや、つね日ごろ考えていることなどを記してみることにしました。なにかのご参考になればたいへんうれしく思います。

（1）資源エネルギー庁『令和3年度エネルギーに関する年次報告（エネルギー白書2022）』2022
（2）『できるセ・ポシブル』ユナイテッドピープル、2019（DVD）
（3）三角エコビレッジ サイハテ「サイハテとは」https://village.saihate.com/about（2023.9.10）
（4）aperuy「サスティナブルな暮らし」https://aperuy.com/ サスティナブルな暮らし/（2023.9.10）
（5）ヨホホ研究所「テンダー」https://yohoho.jp/about-tender（2023.9.10）
（6）KTS鹿児島TV「テンダーの思い」https://www.dailymotion.com/video/x2u5qb7（2023.9.10）
（7）greenz.jp「『いかしあうつながり』がもっと豊かになるように「生きる、を耕す。」greenz.jp は、合言葉をリニューアルします」https://greenz.jp/2023/07/19/ikiru_wo_tagayasu/（2023.9.10）

持続可能な暮らしびとになりたい！　生きるよろこびを求めて　目次

第1章
一日一食、自然食の暮らし

毎日ほとんど同じものをいただく

季節によって少しは変わりますが、わたしは、毎日ほとんど同じものを食べています。表1－1（17ページ）は、毎日、夜に食べているものを、準備する順、食べている順に記載したもので、50品目です。あとの項で述べるようないろいろな文献やサイトなどを参考にして、試行錯誤しながら、食べたいものを食べるようにした結果、このようになりました。不思議なことに、いまのところまったく飽きません。

カロリー計算してみると（単位キロカロリー）、1日1663でした。人が1日に必要とするエネルギー量は、年齢や活動量、身長、体重によって異なるようですが、わたしの場合、身体活動レベルⅡ（ふつう）として必要量を計算してみると1668となるので、おおむねよいようです。「BMI」が22となるもっとも病気になりにくい標準体重で必要量を計算してみると1931となって268不足していますが、もともと痩せ型なので、現状で十分だと思いますし、年齢とともに、少しずつ減らしていこうと思っています。

タンパク質、脂質、炭水化物の各栄養素による適正なカロリーバランスは、タンパク質15～20％、脂質20～30％、炭水化物50～65％とされていますが、表のような食事の場合、順に、17・5%、29・3%、53・3%となって、こちらもおおむねよいようです。

青汁、人参・大根すりおろし、蒸し物

食事の支度と食べる順番ですが、まずは、朝出かける前にタジン鍋の準備をしておきます。生では食べにくいものをタジン鍋を使って蒸し物（水に浸かる部分は煮物かも……）にするのですが、タジン鍋は、少ない熱で食材全体が温まって、うま味も栄養も丸ごと味わえる優れものなので重宝しています（写真1－1）。栄養分のすべてを、ありがたくいただいています。鍋に、煮干し・かつお節・こんぶ、野菜の王様といわれるブロッコリー、なすなどの野菜、まいたけ（「まいあがるほどおいしい」という名前の由来どおり、とてもおいしいです）、牡蠣、いわしなどなんらかの魚、さつまいも、そして調理ずみ食品として、いなり揚げ、とうふ揚げなどを並べ、200ccくらいの水を加えて20分くらいとろ火でコトコト煮込んでおきます。こうしておくと、野菜なども、

写真 1-1　タジン鍋

No.		食品名	重さ（g）	kcal	蛋白質（g）	脂質（g）	炭水化物（g）
44	おやつ	よもぎ大福	55.0	138.0	2.5	0.3	31.3
45		米粉ロールケーキ	40.0	134.0	2.7	6.9	15.5
46		豆乳グルト	60.0	28.8	2.4	1.6	1.0
47		はちみつ	3.5	11.5	0.0	0.0	2.8
48		乾燥粉末しょうが	0.3				
49		ローズヒップ					
50		ハイビスカス					
			1812.3	1663.6	78.2	58.3	238.6

夜までには余熱でやわらかくなり、さまざまな食材のうま味成分もしみ込んでおいしく仕あがります。

夜には、まず、青菜の酵素を熱で死滅させないように低速ジューサーで絞って青汁をつくります。はじめに、ほうれん草などの青菜を絞り、いったん絞りかすを取り除きます。といっても、どうしても食べにくい繊維のかたまり部分以外は食べてしまうので、わたしにとっては、「かす」どころかたいせつな食べ物です。次に、きゃべつ、季節の柑橘類、レモン、りんごを絞って、青菜の汁といっしょに青汁にして飲みます。そのあと、にんじんと大根をすりおろして食べます。大根のすりおろしには、きゃべつやりんご等の絞りかすも加えます。

次は、酢醤油で食べるところ天です。酢を摂ると体がすっきりするように思います。そして、口に残った酢醤油の味とともに、アスパラガスを生のまま食べるとてもおいしいです。カットした長いももいただきます。

そして、いよいよメインディッシュのタジン鍋タイムとなります。

表 1-1　ふだんの食事（食べている順）
（食品成分データベース 2020 年版：文部科学省より）

No.		食品名	重さ（g）	kcal	蛋白質（g）	脂質（g）	炭水化物（g）
1	青汁	ほうれん草	30.0	5.4	0.7	0.1	0.9
2		小松菜	30.0	3.9	0.5	0.1	0.7
3		水菜	30.0	6.9	0.7	0.0	1.4
4		チンゲン菜	30.0	2.7	0.2	0.0	0.6
5		きゃべつ	100.0	21.0	1.3	0.2	5.2
6		りんご	100.0	84.0	0.3	0.5	24.3
7		季節の柑橘類	100.0	49.0	0.7	0.1	12.0
8		レモン	30.0	12.9	0.3	0.2	3.8
9	すりおろし	にんじん	60.0	21.0	0.4	0.1	5.6
10		大根	60.0	7.7	0.4	0.1	2.5
11	ところ天	ところ天（酢醤油）	150.0	3.0	0.3	0.0	0.9
12	生で	アスパラガス	50.0	10.5	0.3	0.1	1.9
13		長いも	30.0	19.0	0.7	0.1	4.2
14	蒸し物	ブロッコリー	50.0	18.5	2.7	0.3	3.3
15		なす	30.0	5.4	0.3	0.0	1.5
16		パプリカ	30.0	9.0	0.3	0.1	2.4
17		かぼちゃ	50.0	49.4	1.0	0.2	8.5
18		ごぼう	30.0	15.0	0.5	0.0	4.1
19		れんこん（or 里芋）	30.0	19.8	0.6	0.0	4.7
20		枝豆	30.0	35.4	3.5	1.8	2.7
21		まいたけ	50.0	11.0	1.0	0.3	2.2
22		切干大根	5.0	15.0	0.5	0.0	3.5
23		カットわかめ	5.0	9.3	0.9	0.2	2.1
24		煮干し	10.0	30.0	6.5	0.6	0.0
25		かつお本枯節	5.0	16.5	3.9	0.2	0.0
26		こんぶ	5.0	10.5	0.4	0.1	2.8
27		牡蠣	20.0	6.9	1.4	0.5	1.0
28		魚（いわしなど）	30.0	52.0	6.4	3.1	0.1
29		アジフライ	25.0	44.0	3.9	1.9	2.9
30		いなり揚げ	20.0	46.2	2.2	2.6	3.8
31		豆腐揚げ	35.0	85.0	3.2	6.7	1.5
32		木綿豆腐	150.0	110.0	10.5	7.4	1.2
33		みそ	5.0	10.4	0.9	0.5	0.7
34		さつまいも	30.0	38.1	0.3	0.2	9.9
35	発芽玄米飯等	プルーン	10.0	21.0	0.2	0.0	6.2
36		くるみ	7.5	52.5	1.1	5.2	0.9
37		アーモンド	7.5	45.0	1.5	4.1	1.6
38		カシューナッツ	7.5	44.3	1.5	3.6	2.0
39		発芽玄米飯	130.0	209.3	3.9	1.4	49.0
40		はちみつ梅干し	30.0	8.7	0.3	0.2	2.6
41		黒大豆きな粉	7.0	31.6	2.6	1.8	2.0
42		黒ごま	9.0	54.5	1.8	4.9	1.7
43		焼きのり					

鍋に木綿豆腐を入れて、再度温めて、タジン鍋のまま、あつあつをいただきます。食べるときに、煮汁にカットわかめを浸して、豆腐には、少量のみそをつけますが、煮干しをはじめ各食材からうま味が出ますし、いなり揚げやとうふ揚げについている味、カットわかめやうす塩の魚（あるいは煮魚）の塩分などが煮汁にしみ出ているので、塩や砂糖などを加えなくても十分おいしくいただけます。温めはじめてから食べるまでに時間をおいているこ ともあって、野菜類にも煮汁の味がしみ込んでいます。

蒸し物を食べる順番も、表のように、野菜やきのこから食べはじめて、魚貝や豆腐などのタンパク質系、そして最後にさつまいもの炭水化物系へと移ります。

ナッツ類、発芽玄米飯等、菓子・お茶

鍋のあと、入浴などして時間をおいてから、まずは、プルーンとナッツ類を食べます。そして次に、タジン鍋に残った煮汁に発芽玄米ご飯を入れて、煮汁にからめたり、黒ごまと黒大豆きな粉をからめたりしながら、はちみつ梅干しや焼きのりといっしょに玄米ご飯そのもののおいしさを味わっています。ご飯ですが、米ぬかや胚芽部分を精米して取り除

いてしまうのはまことにもったいないので、玄米を発芽させて小豆を少し混ぜた発芽玄米酵素ご飯をいただいています。発芽玄米には、ストレス軽減作用や血中コレステロール低下作用のあるGABA（白米の10倍）、ビタミンB1やB6、ビタミンEなどのビタミン類、カリウム、カルシウム、マグネシウム、リンなどのミネラル分が白米よりも多く含まれ、栄養価が高く、食物繊維も豊富です[1]。発芽玄米専用の炊飯器を使えば、米を軽く洗ってセットするだけで、自動で発芽させ、ふっくらと炊きあげてくれます。炊きあがったあとは、そのまま保温状態にしておけば、胚芽の酵素が活性化し、小豆の働きで熟成が進み、2～9日目くらいまで香ばしくおいしくいただけます。

最後がおやつタイムです。豆乳グルトをからめたよもぎ大福と米粉ロールケーキを、乾燥粉末しょうがとはちみつを入れたローズヒップ＆ハイビスカスティーといっしょにいただきます。お茶を出したあとのローズヒップとハイビスカスの実（細かくカットされたファインカットタイプ）には、ビタミンCなどの栄養素が多く残っているということなので、すべて食べています。これで食事タイムは終了です。

食事時以外は、水分もそんなに摂りたいとは思わないので、翌日の食事までに水を400ccくらい飲むだけです。水は、浄水器を通して炭に浸しておいたものを飲んでいます。1日に必要とされる水分量は、おおむね1・5ℓくらいだそうですが、わたしの場合は、青汁を含め、食事の時間帯にほとんどの水分を摂っていることになります。

おつきあいや家族とのお茶などでなにかを口にすることもありますが、ほんの少しで十分です。でも、ふだんは食べない時間帯に食べ物が入ってくると、安心して休んでいた胃がびっくりしているような気がして、「びっくりさせてごめんね」と思いながら食べています。一日一食生活をはじめたころからコーヒーや紅茶などは飲まなくなって、カフェインにはすっかり弱くなってしまったので、おつきあいでお茶するときも、可能であれば、ものすごく薄くして飲みます。香りのよい紅茶であれば、3番出しくらいであっても十分に楽しめます。香りにも敏感になっているのかもしれません。

自分を形づくってくれている37兆個の細胞さんに感謝しながら、できるだけ負担をかけないようにしているつもりではありますが、まだまだ苦労をかけているのかもしれないので、もっときちんと体のことを知らなくてはと思っています。

（1）SMART AGRI編集部「胚芽米、発芽玄米の栄養は玄米、白米とくらべてどう違う?」2019.12.27. https://smartagri-jp.com/food/453（2023.9.10）

生ゴミほとんどなし、水も熱も最小限

食べ物を捨てるのはもったいなくてできないので、だいたい食べきります。先にも述べたように、青菜を絞ったあとの繊維もほとんど食べますし、りんごやレモンも皮ごと絞ります。大根の葉も食べます。生ゴミとして廃棄するのは、プルーン・梅干し・レモン・りんごなどの種、なすの「がく」、柑橘類の皮くらいです。

仕事でお弁当が支給されることもありますが、持ち帰って蒸し物にするなど、いただいたものは残さず捨てずたいせつに食べきります。ただ、調理ずみお弁当は、全般に味が濃いように思いますし、添加物などの影響でしょうか、あまりここちよくないあと味が長く口に残るように感じます。

調理器具もシンプルで、使うのは、炊飯器、ジューサー、タジン鍋、やかんだけです。ジューサーは20分程度動かします。熱利用は、炊飯と保温、タジン鍋の加熱、ローズヒップティー用のお湯沸かしだけです。タジン鍋の蒸し物では、まずは、中火で温め、煮立ってきたらとろ火で温め、そのあと余熱で蒸らして、食べる前にふたたびさっと温めるという具合で、とろ火を30分くらい使います。ご飯などを温める必要がある場合でも、タジン

鍋でふっくら仕あげることができるので、電子レンジはまったく使いません。食事自体がシンプルなので、冷蔵庫の開閉も少くてすみます。ラップも買う必要がありません。購入したまいたけがラップに包んであるので、これを残しておいて、食品を包んだり冷凍したりする場合に使っています。タジン鍋をテーブルに運ぶときなどには、レンジ用の蓋（レンジには使いません）をかぶせて熱が逃げないようにしています。

使う食器も少しです。蒸し物はタジン鍋のまま食べるので、必要なのは、青汁用やローズヒップ用のコップ、人参と大根おろし用のお椀くらいです。このお椀をプルーン・ナッツ・よもぎ大福などにも使っています。玄米ご飯はタジン鍋に盛れば、残った煮汁といっしょに温かくおいしくいただくことができます。

料理に油は使わず、食後はゴムベラできれいにぬぐうので、タジン鍋や食器などの洗浄もさっと流すだけです。水も少しですみます。台所用洗剤は使いません。台所用の合成洗剤は、水で流しても食器に残留して人体に悪影響を及ぼすことがわかっているようです(1)。スポンジも使いますが、ほとんど痛まず長持ちします（へちまスポンジも使っています）。ジューサーに付着した絞りかすもぬぐって食べるので、小さなブラシを使ってさっと水洗いするだけです。野菜を洗うときは棕櫚（シュロ）たわしを使うので、マイクロプラスチックが流れ出る心配はほとんどないのではと思っています。また、野菜を洗ったりしたあとの水は洗い桶にためておいて、シンクやシンクストレーナー洗いなどに使っています。

（1）NHKBS1「BS世界のドキュメンタリー　アレルギー警報！免疫システムの暴走」2022.4.26.

悩ましいプラスチック製容器・包装

しかし、悩ましいのが食材などの購入にともなうプラスチック製容器や包装、梱包材などです。少量の生ゴミ以外は、生活全般に、ほとんどゴミを出さないように暮らしていますし、レジ袋はもらわず、使い捨て食器を使った食べ物も食べず、ペットボトル飲料も購入しませんが、残念ながら、食材などの容器や包装として使われているプラスチックだけは、いまのところ避けられません。あとで述べるように、食材の多くを宅配してもらっているのですが、スーパーなどで買うのと同じように、野菜はプラスチック袋に包まれていますし、ほかの食材もプラスチック袋や容器に入っています。さらに輸送用の緩衝材などが加わります。国産、無農薬有機栽培のものを選ぶとなると、名古屋では宅配してもらうしかないのでやむを得ませんが、なんとかならないものかとつねづね悩ましく思っています。これらの容器や包装は、もちろん資源ゴミとして出していますが、名古屋市のプラスチック製容器・包装のリサイクル率は44％（2018年時点）とのことで、しかもこの割合は年々低下しています[1]。

プラスチックゴミの状況を文献2からみると、2021年の総排出量は824万トンで、そのうち87％が有効利用され、13％は未利用の単純焼却と埋め立てです。リサイクルは、マテリアルリサイクル（プラスチックへのリサイクル）、ケミカルリサイクル（プラスチック素材へのリサイクル）、サーマルリサイクル（プラスチックゴミを焼却して火力発電などに使う）の3種類に分けられますが、順に、21％、4％、62％となっています。マテリアルリサイクルは手間と費用がかかるのであまり進んでおらず、サーマルリサイクルが多いことがわかります。海外でも、たとえばヨーロッパ全体では70％がサーマルリサイクルですし、世界の容器・包装のマテリアルリサイクル率は、わずか2％とのことです[3]。しかし、サーマルリサイクルは、燃焼時に二酸化炭素を排出するので、海外ではリサイクルとはみなされておらず、最近では国内でも「リサイクルではない」という認識が浸透しつつあるとのことです[4]。

マテリアルリサイクルの割合が高まらない理由には、プラスチック製品自体の増加とゴミ排出量の増加も影響していると思われます。日本国内でのプラスチックゴミ排出量は、

1980年から2000年の20年間に約3・5倍に増え、その後は年間800〜1000万トン排出されており、プラスチック製容器・包装の一人あたり廃棄量は、世界でもトップクラスとなっています。[5] 世界的にみても、途上国での利用増加も見込まれるので、今後20年間で倍増し、石油の20%がプラスチック生産に使われ、真剣な対策をおこなわなければプラスチック由来の汚染は4倍に拡大すると予想されています。[6]

先進諸国は、プラスチックゴミの他国への輸出という形でもなんとかしのいできましたが、2018年の中国の輸入禁止、2019年のバーゼル条約改正と2021年の発効以降は、海外輸出がむずかしくなり、国内で処理することがますます重要になっています。ただ、いまでも不法な輸出や処理がおこなわれている実態もあるとのことです。[3][7]

日本も2000年ころから、中国や東南アジア諸国へ、リサイクル資源としてのプラスチックゴミ輸出を急増させてきましたが、実際に適切にリサイクルされているかどうかはわからず、輸出先として多い中国やマレーシア、ベトナム、タイ、インドネシア、フィリピンなどの国は、海洋プラスチック流出の多い国でもあります。[5] 日本の輸出が海洋プラスチック流出にも影響しているといえるのではないでしょうか。マイクロプラスチックやナノプラスチックが海に流れ出て、海洋生物や人間の脅威となっているという問題もあります。[6]

このように、プラスチックの利用やゴミ処理は、世界的な大問題となっています。

（1）竹内道夫「名古屋市におけるプラスチックごみの現状と課題」https://www.meti.go.jp/shingikai/sankoshin/sangyo_gijutsu/haikibutsu_recycle/plastic_junkan_wg/pdf/003_02_00.pdf（2023.9.10）
（2）一般社団法人プラスチック循環利用協会　https://www.pwmi.or.jp/column/column-790/（2023.9.10）
（3）NHKBS1「BS世界のドキュメンタリー　循環型社会の〝夢〟は実現するか?-」2023.3.16.
（4）Life Hugger「プラスチックごみ削減で日本が抱える課題は?-解決策も」https://lifehugger.jp/zero-waste/guide/recycling-problem-japan/（2023. 9.10）
（5）京都市ごみ減量推進会議（ごみ減）「ごみ減のプラごみ情報サイト」「環境パワポ講話その3、その4」「プラごみの現状」「プラごみ輸出」https://2r-ecotown.kyoto-gomigen.jp/plastic-waste/（2023. 9.10）
（6）NHK総合「NHKスペシャル2030　未来への分岐点3　プラスチック汚染の脅威　大量消費社会の限界」2021.2.28.
（7）NHKEテレ「ETV特集　人新世　ある村にて」2023.11.25.

食べない時間は仕事に集中

単身赴任生活なので、基本的には孤食です。孤食では食事に集中できず、食欲も高まらず、よくないということのようですが[1]、わたしの場合は、食事の支度や食事をしながら、ニュースや録画しておいたTV番組を視聴したりしていて、むしろこれが至福の教養・雑学タイムとなっています。深い感銘を受けて、しばし余韻に浸ることもよくあります。TVの視聴や録画には電力を費やしますが、これだけはごめんなさいという気持ちで続けさせてもらっています。視聴するのは、ほとんどがNHKの番組ですが、地球・環境、人間・健康、こころ、歴史、地域、日本、海外、宇宙・科学、暮らし、デザイン・建築などに分類して、楽しく、ありがたく学ばせてもらっています。仕事のヒントになることも多く、知らなかった!そうだったんだあ!と目からうろこ、知的好奇心がますます高まります。この本でも、いくつかの番組を参考資料として挙げさせてもらいました。

食事兼教養・雑学タイムのあとにぐっすり眠って、翌朝からは心身ともにお仕事モードとなって、仕事や家事など、その日すべきことに集中できます。飲食することから解放されますし、毎日ほとんど同じものを食べているので献立を考える必要もありません。

こうして、月曜日から土曜日は、一日24時間を、「仕事」「食事・入浴・身のまわりのこと・教養タイム」「睡眠」で3等分するような具合で暮らしています。日曜日は、仕事時間が、掃除、洗濯、宅配食品の注文・受取り・片づけなどに変わります。次の項で紹介する文献などによると、一日一食では、睡眠時間が短くなる人が多いようですが、わたしの場合は、もともと睡眠不足に弱い体質なので、残念ながら減りませんでした。今では、たまにしか帰宅しませんが、帰宅時もこの生活は変わりませんし、単身生活が終わったあとも続けようと思っています。

（1）NHKBSプレミアム「ヒューマニエンス パンデミックと人類」2022.2.10.

一日一食論との出会い

こういった食生活をするようになった経緯を述べてみます。いまから二十数年前の40代後半に、ご縁があって名古屋市にある大学へ単身赴任することになりました。新しい職場では、慣れないこともあって、お昼に授業準備や会議、学生対応などでバタバタすることが多く、いつのまにかお昼ご飯を食べ忘れる日が多くなりました。もともと、朝にしっかり食べてお昼は軽くというタイプだったこともあって、お昼用にパンやおにぎりなどを持っていてもカバンの底でつぶれたりしていました。そのうち、朝に、少し時間をおいて二度しっかり食べて、お昼なし、夕食も比較的軽くというようなパターンになりました。50代半ばころから、ますます忙しくなり、単身生活だったこともあって、食生活がいささかいい加減になってしまいました。そのころ食べていたのは、朝一食目に、ヨーグルト（くま笹青汁・きな粉・ゆず茶）、食パン（バターと黒ごまペースト）、果物、紅茶（はちみつと乾燥粉末しょうが）、朝2食目には、コンビニのコロッケパンとコーヒー、おにぎり（梅干しまたはシソ）などでした。夕食は、白飯と、週末に自宅に帰ったときにつくった野菜や肉・魚などの料理を持ってきて食べていました。デパ地下のお弁当を買って食べたりもしていました。

自宅では、以前から自然食品を配達してもらうなどして、食生活にはそれなりに注意を払っていたのですが、単身生活のなかで、いつのまにか、野菜も不足しがちになり、市販の調理ずみパンやお弁当を食べることが多くなってしまいました。こんな食生活をしていていいのだろうかと自問しつつもずるずると続けていたころ、自宅に自然食品とともに届くちらしの図書コーナーだったと思いますが、「一日一食」を提唱する書物に出会いました（代表的なものを挙げておきました）[1][2]。「食べない生き方」というブログも見つけました[3]。このブログには、一日一食をはじめとして、食に関するさまざまな考え方や理論などがまとめられていて、たいへん興味深い内容です。

これらの一日一食論では、夜一食がよいとされています。人間の体には体内時計が備わっていて、4～12時は排せつ（体内の老廃物と食物カスの排出）、12～20時は補給（摂取と消化）、20〜4時は同化（吸収と利用）の時間なので、夜一食が人間の体にもっともふさわしいようです。夜一食の優れた点は、①食べたものが完全に消化され排泄されるまでに18時間かかるので、胃腸を休ませるためにも18時間は食べないほうがよい、②食事をすると胃腸に血液が集まり集中力が落ちるので、活動したあとの夜に食べるのがよい、③一日三食や昼食抜きに比べて、夜一食の場合に毒素の排出量がもっとも多い、④腸の蠕動運動を亢進させ排泄をうながす、⑤血糖値を安定させる、⑥自律神経の働きを整える、などです。タモリさん、たけしさん、三枝成彰さん、[4]内村航平さん等々、多くの方が夜一食を実践しておられるようです。

　歴史的にみてみると、江戸時代の元禄ころより前の日本では、一日三食ではなく二食があたりまえだったようで、朝から畑仕事などをしたあと、お昼ころに一食目を食べて、ふたたび仕事をして、夕方に2食目を食べていたようです。欧米でも1900年代はじめころまでは二食だったようです。

　わたしの場合は、もともと朝にしっかり食べて夜は軽くという習慣だったので、まずは夜に食べないことにしてみました。片岡鶴太郎さんも朝一食だそうです。

（1）船瀬俊介『やってみました一日一食』三五館、２０１４

(2) 石原結實『一日一食――40歳を過ぎたらたべなくていい』ビジネス社、2013
(3)「食べない生き方ブログ」https://inedia.jp/ (2023.9.10)
(4) 三枝成彰『無敵の「1日1食」疲れ知らずで頭が冴える!』SBクリエイティブ、2018

一日三食から一日一食へ

夕食抜きをはじめたのは2015年の1月でした。寒い季節だったためか、夕食を食べないことで体が冷えたようで、風邪をひいてしまいました。それでいったんやめて、5月ころからふたたび試みたところ、今度は大丈夫でした。はじめは、夕方になると空腹を感じたので、果物や野菜、ナッツなどを少し食べていましたが、2年経ったころには、朝のみで平気になりました。

こうして、夜早く寝て、夜中に起きて入浴してから、青汁→人参・大根すりおろし→蒸し物、ここで少し休憩して消化をうながし、ふたたび、発芽玄米飯等→菓子等の順に準備しては食べてという未明~早朝一食パターンが定着しました。食べない時間帯も空腹はほとんど感じず、食べなくても冬場に体が冷えるということもなく、「明日の食事が楽しみ!」と思いながら、幸せな気持ちになって眠りについていました。

ところが、2021年の7月ころ、仕事があまりにも忙しく緊張状態が続いていたためか、夜早くには寝つけなくなってしまい、やむなく夜に食事をしてから眠るという生活をしたことがありました。これで夜一食にできるかなと思ったのですが、朝からなんとなく落ち着かず、翌日の夜まではとてももたず、お昼前には空腹を感じるので、軽く昼食を摂って30分弱うたた寝をして、ようやくすっきり、仕事に集中できるというパターンが3か月間くらい続きました。やはりわたしには夜一食は向いていないと思い、夜には食べずに早く床につくようにして、なんとかもとの生活にもどしてみたのですが、2023年の4月頃になって、再び早くには寝つけなくなりました。そこで、今回は、夜に、まず青汁↓人参・大根すりおろし↓蒸し物を食べてから入浴して、そのあと玄米飯等を食べるという夜一食パターンに変えてみたところ、昼間に空腹で困るということもなくなり、ようやく、夜しっかり食べて、ぐっすり眠り、昼間は仕事に集中というパターンにたどり着くことができました。

食べ物論、食べ方論との出会い――ナチュラル・ハイジーン

先に述べたように、一日一食論への関心を深めていたころ、なにをどのように食べるかについても、いろいろな文献などから学びました。内容は多岐にわたっており、とても紹介しきれませんが、結論にあたる部分のみ簡略に記してみますので、具体的内容や論拠などについては原本をご覧いただければと思います。

まずは、『フィット・フォー・ライフ』です。[1] 古代ギリシャの哲学に端を発する「ナチュラル・ハイジーン」という健康法にもとづく「食事に関する基本原則」を説いたもので、1985年にアメリカで出版されて以来、世界的ロングセラーとなり、世界の名著といわれています。あとで述べる文献などからも、ナチュラル・ハイジーンの原理が多く読みとれます。無理なく健康的にスリムになれる方法としても知られており、スリム化に効果抜群だった人をわたしも実際に見聞きしています。

さて、内容ですが、先の項でも述べたように、人間の体には本来的に24時間の周期があるので、夜は早めに食事を終えて、寝るまでに少なくとも3時間は空け（わたしはできていませんが）、午前中は摂取よりも排泄が大事とのことです。

続いて、大きく三つの原則が示されています。一つ目は、「水分を多く含む食べ物を食べる」です。人間の体の7割は水分であり、体は果物と野菜の水分を求めているので、食事は、果物と野菜を7割、凝縮食品（米、肉、魚、乳製品など、果物と野菜以外のすべて）を3割とする、新鮮な果物などには生命の源といえる「酵素」が生きておりパワーを発揮するが、加熱調理すると酵素パワーは死滅してしまう、などです。二つ目は、「食べ物は正しく組みあわせて食べる」です。食べ物の消化には、水泳やフルマラソン以上のエネルギーを要するが、一度に食べる凝縮食品を一つとすれば、エネルギー消費をおさえて消化がうながされる（たとえば、ご飯と魚ではなく、野菜と魚といった食べ方をする）、ただし、大豆製品はいっしょに食べてもよい、などです。三つ目は、「果物を正しく食べる」です。人間は元来、果食動物であり、果物は体内に摂取できるもっとも重要な食べ物で、果物は体内で分解しなくてもすでにブドウ糖の形になっているので、胃に入っても負担をかけずに20〜30分で腸にいたる、この特徴を生かすには、ほかの食べ物といっしょにではなく、新鮮な果物を胃が空の状態で食べる、などです。

そして、正午までは排泄の時間帯なので、なにも食べないことが理想だが、食べる場合は、果物とフルーツジュースだけにする、12〜20時は「正しい組みあわせ」で摂取し、0時までに床につくのがよい、なども記されています。なお、「ナチュラル・ハイジーン」

については、文献2にもわかりやすく説明されています。

『フォークス・オーバー・ナイブズに学ぶ超医食革命』は、ドキュメンタリー映画『フォークス・オーバー・ナイブズ』（食事は手術に勝るという意味）の解説本で、2800年以上も前からあった「プラントベースでホールフードの食事」（植物を丸ごと自然なまま食べる）を示したものです。[3][4] 具体的には、顔があるものや母親から生まれたものを原料とするものを食べない、穀物・果物・野菜・豆類を丸ごと自然のままに食べる、加工されすぎたものは食べない（精白米、精白糖など）、保存料や添加物は避ける、乳製品はやめる、炭水化物の摂取を控えない、タンパク質不足ではないかと心配しない（十分摂れるので）、オメガ3系脂肪酸（よい比率で摂れる）およびビタミンB12（必要な場合は補う）について知る、などです。また、食肉生産工場での動物たちの悲惨な実態や、魚にも痛覚があること、動物性食品と畜産業が招くさまざまな問題――環境破壊、地球温暖化への影響、森林破壊、汚物による汚染、水資源の大規模汚染、漁業資源の枯渇、絶滅危惧種の急増、深刻な土壌侵食などを示し、「プラントベースでホールフードの食事」によってこれらを防げること、などが述べられています。

（1）ハーヴィー・ダイアモンド／マリリン・ダイアモンド『フィット・フォー・ライフ――健康長寿には

「不滅の原則」があった！』松田麻美子訳、グスコー出版、2006（原書1985）
（2）松田麻美子『だれもが100％スリム！　常識破りの超健康革命』グスコー出版、2002
（3）ジーン・ストーン編『フォークス・オーバー・ナイブズに学ぶ超医食革命』大島豊訳、グスコー出版、2014（原書2011）
（4）『フォークス・オーバー・ナイブズ――いのちを救う食卓革命』日本コロンビア株式会社、2011（DVD）

食べ物論、食べ方論との出会い――酵素、半日断食、マクロビオティック

先の続きですが、『病気にならない生き方』は、酵素（エンザイム）の重要性を説いたミリオンセラーです。[1]『解毒力を高める食べ方』にもわかりやすく説明されています。[2]腸は生命活動の中心にある大事な場所で、人の健康や寿命は腸相のよしあしと深く関係しており、腸相のよしあしは食べ物に左右され、酵素を含む「生きた食品」をたっぷり摂っている人は腸相がよいとのことです。具体的には、①新鮮な野菜・果物をとにかく増やす、②「生で食べる」機会も増やす、③主食を玄米・胚芽米などに変える、④肉類、牛乳・乳製品などの動物性食品を減らす、などです。また、牛乳ほど消化に悪い食物はない、ヨーグルトの常食は腸相を悪くする、日本人の体に油物は適さない、白米は死んだ食べ物、植物

性85％・動物性15％が理想の食事、塩（平釜煮出し、天日干しの塩）・味噌（じっくり発酵させた添加物のない味噌）・玄米が、腸の働きを活性化させ免疫力を高め、エネルギー代謝を助け細胞の生命力を高め、放射線のダメージを軽減する、なども記されています。

『奇跡が起こる半日断食』は、朝食を抜くだけの半日断食のやり方と効果を示したものです。[3] 栄養・カロリー重視の食べすぎが害を招き、質で食品を選べば一日30品目の必要はなく、栄養やカロリーを摂取することよりも排出することがなにより大事で、朝食は「金」どころか有害物など、従来の常識をまず捨てなさいと述べています。断食のやり方では、朝食は食べず生水か柿の葉茶をしっかり飲む（青汁を飲んでもかまわない）、午前中は老廃物の排せつをうながす、昼食と夕食は少なめにする、夕食は就寝の3時間以上前に摂る、玄米・大豆製品・生野菜中心のメニューとする、などです。一週間に一日だけは、本断食をするのも効果的とのことです。断食の効果では、眠っている本来的な力を呼び覚まし体質を変える、快感をもたらす、エネルギーの利用の仕方を変える、宿便を排泄する、環境毒素を排泄する、自己融解を起こす、遺伝子を活性化する、スタミナをつける、免疫をあげる、活性酸素を減らす、などが挙げられ、ダイエット効果や各種の病気治療効果も述べられています。

『未来食』は、体の生命力と地球の生命力を同時に取りもどすことが可能な「未来食の知恵と技術」を記したものです。(4) 身土不二（暮らす土地の旬のものを食べる）、一物全体（自然の恵を残さず丸ごといただく）の二つを原則とした玄米採食であるマクロビオティックの食事法を基底にしており、陰陽バランスを論じた石塚左玄や「マクロビオティック」の命名者である桜沢如一氏にも言及しています。

はじめに、食べ物の酸性とアルカリ性を横軸に、陰と陽を縦軸にとった「食と命のバランスシート」が示されています。これは、マクロビオティックをアメリカで広めたヘルマン相原氏が文献5で述べ、文献6でさらに詳しく展開した考え方にもとづき、わかりやすく図化したものです。そして、血液をややアルカリ性でやや陽性に保つことが健康の鍵であり、エネルギーバランスの整った中性の穀物を主食に、陰性でアルカリ性の野菜と海藻を、陽性でアルカリ性の塩と味噌で調理した日本の伝統食がすばらしい食事であること、一方、現代の日常食は、酸性で陰性の人工食品（化学合成物質、過精製食品、乳製品など）と、酸性で陽性の動物性食品（肉・魚・卵など）のかたよった危険な食事であることを述べています。次いで、体と地球の生命力を破壊する危険な「食インベーダー」として、化学物質、砂糖・果物、人工飲料、乳製品、脂肪、化学肥料栽培の野菜、肉・卵の七つの毒を挙げています。さらに、食べ物だけではなく食習慣の汚染も深刻であり、風土に根ざした地域自給型の、命を育む食習慣を取りもどすことが急務で、現代の、全体食→部分食、風土食→輸入食、適量食→過剰食、日常食→ごちそう食、手料理→工場で料理、自然の食べ物→人工の食べ物、植物性食品中心→動物性食品中心、といった七つの流れの矢印を逆方向に転換すべきこと、などを説いています。

これらの書物が推奨している食べ物や食べ方をまとめてみると、①午前中は食べない（もしくは青汁か果物のみ）、②新鮮な生の野菜や果物を丸ごとたっぷり摂る、③果物は胃が空っぽのときに食べる、④動物性食品はできるだけ控えて植物性食品中心とする、⑤精製された食品は食べない、⑥一度に二つ以上の凝縮食品を食べない、⑦よい塩、よい味噌、玄米を食べる、⑧夕食は就寝の3時間前までに摂るなどとなります。

わたしの食事は、こういった推奨事項からはずれている部分もありますが、できるだけこのような食生活になるようこころがけたいと思っています。

（1）新谷弘美『病気にならない生き方――ミラクル・エンザイムが寿命を決める』サンマーク出版、2005
（2）新谷弘美『解毒力を高める食べ方』マガジンハウス、2011
（3）甲田光雄『奇跡が起こる半日断食』マキノ出版、2001
（4）大谷ゆみこ『未来食』メタ・ブレーン、1995
（5）ヘルマン相原『マクロビオティック栄養学――玄米正食を新しい栄養学で解明する』岡芙三子訳、正食協会編纂、正食出版、1988
（6）ヘルマン・相原『陰陽と酸・アルカリ』正食出版、1992

食物繊維のパワーを生かす

食物繊維をたくさん摂る食事をしていますが、食物繊維は、腸内ですごい働きをしていることもわかってきました(1)。

腸には免疫細胞の7割が集まっており、腸は、有害でない細菌と有害な病原菌やウイルスの区別を免疫細胞に学ばせ、学び終えた免疫細胞を血液の流れに乗って全身に届けて、病原菌やウイルスを撃退しているとのことです。免疫細胞は、ときとして有害でないものまで攻撃するなど暴走することもありますが、暴走を止める役割を果たすクロストリジウム菌などの腸内細菌もいます。また、腸はメンタルとも関係していて、ドーパミンやセロトニンといった「幸せ物質」を生み出すのも腸内細菌で、腸内細菌が増えると幸せ感が増します。腸は自律的に働く第2の脳であり、全身の免疫力の源で、腸内細菌と免疫細胞を駆使して、全身の免疫力をコントロールしている優れた臓器だということです(2)。

こういった働きをする腸内細菌が好んで食べるのが食物繊維です。日本人は、歴史的に長く食物繊維を摂ってきたので、日本人の腸には、食物繊維を好む腸内細菌が多く住みついており、クロストリジウム菌などの腸内細菌が、免疫力をコントロールする高い能力を持っていること、この能力は、欧米人よりもはるかに高いことがわかってきました。食物繊維をしっかり摂ると、免疫力が高まるのです！

（1）ＮＨＫＢＳ１「シリーズ人体・特別版（４）万病撃退！　腸が免疫の鍵だった」2022.1.11.
腸内細菌のすごい働きについては、次の番組も参考になります。
ＮＨＫＢＳプレミアム「ヒューマニエンス〝腸内細菌〟見えない支配者たち」2021.7.15.
ＮＨＫＢＳプレミアム「ヒューマニエンス〝腸内細菌〟ヒトを飛躍させる生命体」2021.7.22.
（2）藤田紘一郎『腸内革命――腸は第２の脳である』海竜社、２０１１

肉類と乳製品は食べない

以前は肉類や乳製品も食べていましたが、いまは食べません。

肉１kgを生産するのに必要なトウモロコシなどの穀物は、牛肉で11kg、豚肉で７kg、鶏肉で４kgであり[1]、世界の牛肉生産量２・５億トンの飼料として穀物生産の３分の１が使われているとのことです（次項の文献７）。一方で、世界の飢餓人口は、２０２１年に８億２８００万人に達し、９・５人に１人は、十分な食事ができず空腹に耐えている、または空腹は満たされていても栄養不足に陥るケースのどちらかになるとのことです[2]。しかし、２

021年の世界の穀物生産量は28億トン、これを78・7億人で割ると、2337kcal／人／日となり、十分な食料があることになります[3]。人々が飢えるのは、食糧が公平に分配されていないためであることも指摘されています[4]。

また、牛が飲む水は人間の5倍で、肉食品をつくるのに必要な水は、ハンバーガー1個に2200ℓ、ステーキ1枚に3700ℓ、牛1頭育てるのに毎日10分間のシャワーを130年間浴びる水が使われています[5]。アメリカ穀倉地帯では、地下の帯水層にたまった水を大量にくみあげて牛を大規模に育てており、帯水層の水の3分の1がすでに失われ、自然に回復するには6000年もかかるので、これはもう不可能ということです[5]。こういった状況は、世界中に広がっていて、2010年の利用状況をもとにしたシミュレーションによれば、水資源は、2030年に枯渇しはじめ、2050年には世界の7割の地域で枯渇するとのことです（次項の文献7）。

さらに、牧草地や飼料生産地を生み出すために森林が消失しています[6]。南米ブラジルのアマゾンの熱帯雨林も、伐採によって5分の1まで減少していますが、消失した森林の8割は、急増する食肉需要のための牧場になっています。森林の消失は、二酸化炭素を排出するとともに、その吸収を阻害することにもつながります。また、森が雨を生むこともわかってきており、森林の消失が、雨不足と森林地帯の砂漠化につながるとのことです[6]。

肉食は、温室効果ガス排出にも影響します。牛などの反芻動物は、ゲップによってメタンを出しますが、メタンの温室効果は、二酸化炭素の約25倍であるといわれています。牛のゲップから出るメタンは、世界の温室効果ガス排出の4%を占めており、日本のメタン排出量は二酸化炭素換算で2848万トン、そのうち農業由来が2190万トン(77%)、牛のげっぷは756万トン(27%)で、牛のげっぷによる温室効果ガスは、全国のバス、タクシーから出る658万トンより多い恐るべき数字であること、また、牛の体内の窒素分が糞や尿として排せつされると、二酸化炭素の298倍の温室効果がある一酸化二窒素が発生することも指摘されています。[7]

肉食をできるだけ控えて、穀物を人に分配し、水の枯渇を防ぎ、森林の消失を防ぎ、温室効果ガスの排出をおさえるようにしたいものです。

(1)農林水産省「知ってる?日本の食料事情~日本の食料自給率・食料自給力と食料安全保障」2016 https://www.maff.go.jp/chushi/jikyu/pdf/panfu10.pdf (2023.9.10)
(2)国立研究開発法人国際農林水産業研究センター「報告書「2022年世界食料安全保障と栄養の現状(SOFI)」キーメッセージ」https://www.jircas.go.jp/ja/program/proc/blog/20220714 (2023.9.10)
(3)農林水産省「世界の穀物需給及び価格の推移」https://www.maff.go.jp/j/zyukyu/jki/j_zyukyu_kakaku/ (2023.9.10)
(4)ジャン・ジグレール『世界の半分が飢えるのはなぜ?——ジグレール教授がわが子に語る飢餓の真実』たかおまゆみ、勝俣誠訳、合同出版、2003(原著1999)

（5）NHKBS1「BS世界のドキュメンタリー デイ・ゼロ 世界から水がなくなる日」2021.11.1.
（6）NHKBSプレミアム「コズミック フロント アマゾンの〝空飛ぶ川〟見えてきた地球規模の水循環」2023.2.23.
（7）日刊スポーツ「世界に15億頭…牛のげっぷは地球温暖化の促進要因、世界が行う対策とは」2021.11.8. https://www.nikkansports.com/general/nikkan/news/202111080000142.html?Page=1（2023.9.10）

国内産の食材を選ぶ

米、野菜、大豆など、ほとんど国内産のものを食べています。国内産でないのは、プルーン、ナッツ、ローズヒップ、ハイビスカス、黒ごま（手に入るときは国内産）くらいです。

名古屋では、自然食品を配達してくれる団体はあまりないのですが、東京から宅配してもらえることを知って、週に一度送ってもらっています。野菜や果物などは、できるだけ鮮度を保てるように、届いたらすぐ鮮度保持袋に入れて冷蔵保存します。野菜には「成長点」があって、そのままにしておくと栄養がどんどん減ってしまうということなので、人参やきゃべつは成長点である芯を切り取り、ブロッコリーは同じく花蕾を切り離して保存するなど、できるだけ栄養を逃さないようにしています。[1]食べるものも決まっているし、必要分を考えて注文するので、食材を残して腐らせるとか、冷蔵庫の奥に忘れて放置するとか、賞味期限切れで廃棄（少々期限が切れても食べます）といったようなことはまったくありません。可能なものは「毎週登録」にして配達してもらうので、生産する側も計画が立つと思います。形が不ぞろいであったりして通常の販売ルートに乗らない食材も気にせず購入します。

デパ地下であつかっている自然食品もあるので、それも利用しています。玄米は、いろいろ試してみましたが、無農薬有機栽培であっても発芽しないものも多いことがわかったので、胚芽が生きている天日干しの玄米を別途送ってもらっています。

さまざまな食材にあふれている日本ですが、食料自給率は38％で（2022年度、カロリーベース）、諸外国と比べると、カナダ221％、オーストラリア173％、アメリカ115％、フランス117％、ドイツ84％などと（2020年版、カロリーベース）、著しく低く、ほぼ自給できているのは米99％のみで、大豆は25％、小麦は16％（2022年度、カロリーベース）など、とうもろこしなどの飼料をはじめとして、その多くを、アメリカや中国、オーストラリア、カナダなどからの輸入に頼っています。[2]

輸入食材で懸念されるのは、遺伝子組み換えです。[3][4]世界各国では大きな問題とされていますが、日本ではあまり取りあげられておらず、遺伝子組み換え食品の輸入大国となっていて、大豆やとうもろこし、じゃがいもなどの食品をそのまま食べなくても、コーンスターチ、増粘多糖類などとして多くの加工食品に入っているようです。

輸入が多いということは、食料輸送のために必要とされるフード・マイレージ（総輸送量×輸送距離、単位トン・km）が高くなり、輸送時に多くのエネルギーを使い、二酸化炭素を排出することになります。日本は、フード・マイレージが極めて高く、2016年に約8400億トン・kmです。また、他国と比較可能な2001年時点のデータでは、日本を1とした場合、韓国0・35、アメリカ0・33、イギリス0・21、ドイツ0・19、フランス0・12となり、日本が際立っていることがわかります。[5]

さらに、食料生産には多くの水を必要としますが、食料の輸入は、他国の水の輸入でもあります。食料自給率38％時点の日本は（2020年度）、80兆ℓの水を輸入しているとのことで、これは国内の年間使用量と同じです。どれだけ水を輸入していることになるのかという「バーチャルウォーター」では、牛肉1kgで15415ℓ（風呂77杯分以上！）、パン500gで804ℓ、チーズ200gで635ℓ、ワイン1本で653ℓ、コーヒー1杯で132ℓくらいだそうです。[6] 地球の気候変動のなかで、水不足は今後一層深刻化し、水と食料は遠くない将来、争奪戦になるといわれています。また、気候変動や国際情勢の不安定化などで、国際的に食料を確保してきた「食料安全保障」も崩れつつあり、生きる基本である「食」を外国に頼る危うさも明らかになってきています。(7)

他国の水資源をできるだけ奪わないようにして、国内生産を拡大し、地産地消を推し進めて、自給率が高まることを願いたいと思います。

(1)慈恵医科大学付属病院栄養部『その調理、9割の栄養捨ててます!』世界文化社、2017
(2)農林水産省「令和4年度 食料自給率・食料自給力指標について」
https://www.maff.go.jp/j/press/kanbo/anpo/attach/pdf/230807-6.pdf (2023.9.10)
(3)マリー=モニク・ロバン(著)、戸田清(監修)『モンサント――世界の農業を支配する遺伝子組み換え企業』村澤真保呂/上尾真道訳、作品社、2015
(4)マリー=モニク・ロバン「モンサントの不自然な食べもの」アップリング、2008(DVD)
(5)中田哲也『フード・マイレージ――あなたの食が地球を変える(新版)』日本評論社、2018
(6)NHK総合「NHKスペシャル2030未来への分岐点2 飽食の悪夢 水・食料クライシス」2021.2.7.
(7)NHK総合「混迷の世紀第4回 世界のフードショック 揺らぐ「食」の秩序」2022.11.27.

無農薬有機栽培の食材を選ぶ

国内産、輸入にかかわらず、ほとんど無農薬有機栽培のものを選んでいます。ただ、無農薬有機栽培の食材の場合、旬の時期をはずれると出荷されないものもあるので（りんご、柑橘類、レモン、れんこん、長いも、さつまいもなど）、出荷が終わるころに多めに買っておいて、必要であれば冷凍するなどして、できるだけ長く食べられるようにしています。完全になくなったら、農薬使用のものをやむなく購入しますが、無農薬の冷凍野菜があるものはそれを使うようにしています。

現代の農業は、化学肥料、農薬、除草剤を使う慣行栽培が一般的ですが、『日本農業再生論「自然栽培」革命で日本は世界一になる！』によれば、日本は農薬大国、化学肥料大国で、海外では日本の農産物は「汚染野菜」あつかいされているとのことです[1]。農薬については、日本は、農薬の使用量がとりわけ多く、単位面積あたりの農薬使用量は、アメリカの約7倍もあり、残留農薬のある野菜を食べ続けると体内に蓄積されていって、めまいや吐き気、皮膚のかぶれや発熱を引き起こすなど、人体に悪影響を及ぼすこと、化学肥料についても、2009年のアメリカの権威ある科学雑誌『サイエンス』に、化学肥料に含まれる一酸化二窒素が地球温暖化の原因と書かれていたこと、化学肥料を畑に10kgまいたとしても農作物が吸収するのは1～1・5kgで、残りの多くは、気化して一酸化二窒素になり大気中に拡散すること、一酸化二窒素は二酸化炭素の310倍の温室効果があること、などが記されています。

そして、化学肥料や農薬、除草剤を田畑にまくと、汚染物質が地下水に混じり、汚染された地下水は川に流れ込み、やがて海に出て、プランクトンが汚染物質を食べて大量発生し、その呼吸熱で海温が上がり、台風が発生することや、2009年に、アメリカ海洋大気庁(NOAA)は、農薬や化学肥料、家畜の排せつ物などに含まれる一酸化二窒素の増加によって、オゾン層の破壊が進み、地球温暖化に拍車をかけていると発表したこと、なども記されています。また、化学肥料の製造自体にもエネルギーを費やします。

こういったさまざまな問題が生起するなか、環境再生型農業である「カーボン・ファーミング」が注目され、世界各地で広がりつつあります[2]。そもそも土は、すごい炭素貯蔵力を持っていて、土の炭素貯蔵量は1兆5000億トンで、大気中の7500億トンの2倍です。水も蓄えてくれます。残念ながら、森林伐採や大規模大量栽培などによってすでに5000億トンが大気中に排出されてしまいましたが、カーボン・ファーミングは、この土中の炭素と水と微生物の力で作物を育てようという農法です。その5原則は、①土を耕さず化学肥料や農薬は最小限にして、土中の生態系を守る、②土を植物で覆い風や水の浸食から守り、水の蒸発も防ぐ、③数種類の作物の種をまき多様性を高め生態系を豊かにする、④土の中に「生きた根」を保ち微生物に炭素化合物を供給することによって土の健康を保つ、⑤動物を組み込み、微生物を含む家畜の排せつ物で土を肥やす、などです。これはまさに、1970年代に提唱され世界各国で知られるようになった福岡正信さんの「自然農法」(不耕起、無肥料、無農薬、無除草を原則とし、水も極力やらず、さまざまな種を混ぜてまく)と共通しており、そのすばらしさと先見性を再認識しました。[3]

人の体にもよく、土壌も水も汚さず、生態系も乱さず、温室効果ガスも出さず、エネルギーも費やさず、地球環境の改善にも寄与する食べ物を選びたいものだと思っています。

なにをどのように食べるかは人それぞれだと思いますので、わたしの食生活はあくまでも一例ですが、一日一食、自然食の暮らし、なにかのご参考になれば幸いです。

(1) 木村秋則/高野誠鮮『日本農業再生論「自然栽培」革命で日本は世界一になる!』講談社、2016
(2) NHKBS1「カーボン・ファーミング 環境再生型農業最前線」2022.9.23.
(3) 福岡正信『わら一本の革命』春秋社、1983

【トピック①】ゴムベラのある暮らし

ゴムベラで食べ物をぬぐう──食べれば栄養、捨てればゴミ

わたしは、食事のときにいつもゴムベラを使っています。料理用の幅広のものではなく小さめの細いタイプです（写真①－1）。いつから使いはじめたのかはよく覚えていないのですが、少なくとも20年は使っています。これで3本目ですが、このタイプはいまでは手に入らないようなので、大事に使いたいと思っています。

調理器具についた食べ物の残り、食べ終わったあとの食器についている食べ物などをきれいにぬぐい、食べきります。第1章でわたしの食生活を述べていますが、タジン鍋、お椀、コップ、使い終わった食材の容器や袋など、なんでもぬぐいます。

こういう生活には、いいことがたくさんあると思います。なんといっても、口に入れて食べれば栄養、捨てればゴミということです。そして、きれいにぬぐえば、台所用洗剤もいらず、台所用スポンジもさっと使うだけで、水もあまり汚さず、使用量も少なくてすみます。洗い物には水道水を使いますが、水道水は多くのプロセスを経て浄化され、家庭に届けられているもので、飲料用の水をつくるにも運ぶにも、多くの施設・設備とエネルギーを要しているとのことですので、水はたいせつに使いたいも

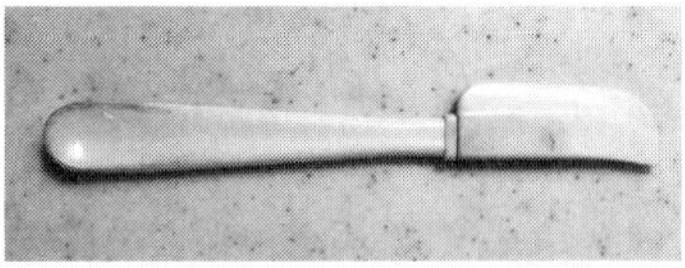

写真① -1　ゴムベラ

のです。

台所用スポンジもほとんど痛まないので、ずっと前に買ったロングタイプのものを3×5㎝くらいにカットして長く使っています。樹脂系のスポンジからはマイクロプラスチックが流れ出て、海洋汚染の一因となっているとのことですので、できるだけ使用を控えて、野菜などを洗うときは、棕櫚《シュロ》たわしを使っています。これは優れもので、土つき人参のしわ部分などの土もすっきりきれいに落としてくれます。水を無駄にしないように、食材を洗ったあとの水を洗い桶にためて、シンクを洗うときなどに使っています。

最後まで食べきらなくては「もったいない」

あたりまえのことですが、食べ物は、もとは生き物です。人間を含め、生き物は生き物でしか養うことができないからです。その命をいただいて、自分のいまの命を保たせてもらっているのだと思うと、とてももったいなくて、無駄にする気にはなれません。食材の命と、それらを育ててくれた人、育んでくれた自然、採取し運び、調理してくれた人など、多くを経て、いまここにある食べ物なので、お椀についた残り汁などであっても、洗い流してしまうのはとてももったいないと思います。

もったいないの「勿体」とは、その存在の「あるべき姿」ということで、「勿体をなくす」とは、そのあるべき姿をないがしろにすることです。生き物がわたしたちにさげてくれた命をないがしろにすることなく、お料理本体はもちろん、お皿やお椀についた残り汁のようなものもすべて食べきりたいものです。

食べ物をきれいにぬぐう生活は、なにも目新しいことではありません。むしろ昔（高度成長期前ころまで）はあたりまえだったと思いますが、これが忘れさられているということではないでしょうか。昔は、ご飯を食べ終わったら茶椀にお茶を流し込み、たくあんできれいにぬぐって最後の一粒まで食べるのがあたりまえでした。禅の作法では、応量器という積み重ね式のうつわを、たくあんでぬぐい、たくあんの酸味で細菌の発生をおさえる食べ方や、刷《せつ》という道具を使って、漆器に残ったお汁などをきれいにぬぐう作法も引き継がれています。[1][2][3] 雑誌サライ公式サイトの「和のうつわの根本を永平寺に尋ねる――食事をいただく禅の作法とは」では、写真入りで「食べ終えると、配られる湯を「頭鉢《ずはつ》」で受けて「刷《せつ》」で洗い清める。湯を順次、うつわへ移しながら洗い、残った湯は「折水《せっすい》」と称して川に流す。自然界に還元する作法だ」と紹介されています。[4]

（1）山川宗玄『NHKこころの時代―宗教・人生―禅の知恵に学ぶ』「第5回 いのちをいただく――典座・托鉢」NHK出版、2019
（2）「応量器（禅スタイルの食事作法）」https://www.youtube.com/watch?v=H4m5wMWOEII（2023.9.14）
（3）「曹洞宗の食事作法② 応量器～後編～」https://www.youtube.com/watch?v=K8Io0mQZMSU（2023. 9.14）
（4）サライ「和のうつわの根本を永平寺に尋ねる――食事をいただく禅の作法とは」https://serai.jp/living/311016（2023. 9.14）

いただきます、ごちそうさま

食べ物をいただくことで、「わたくし（いまの自分）」を形づくってくれている37兆個の細胞の命が養われているのだと思うと、ほんとうにありがたく思います。人間は、生き物の頂点に立って、自らはほかの生き物に命をささげることなく、命をいただいて生きることができるほとんど唯一の存在だと思いますが、それにおごることなく、つねに感謝の気持ちを持っておきたいものです。

日本は、世界中のさまざまな食材を輸入し、世界各国の料理を食べ、あれがおいしい、これがまずい、もっとめずらしいおいしいものを、と飽食を追い求めてきた国だと思いますが、ここでちょっと立ち止まって、この食べ物、この料理は、どこからきたのだろうか？どんな命をささげてくれたのだろうか？どんな人がつくってくれたのだろうか？などと思いをめぐらせると、その生き物や人と自分とが、地球上でつながっていること、すべての存在はつながりあっていることに気づけるし、生かされていることへの感謝とよろこびを感じることができるのではないかなと思います。飽食の時代にあっても、ゴムベラで、最後の一粒、一滴まできれいに食べつくしたいものです。いただきます、ごちそうさまのこころを忘れずに。

しかし、農林水産省のデータによれば、残念ながら現状では、本来食べられるものなのに捨てられている「食品ロス」が５２３万トンあり、これは日本人一人当たり毎日お茶碗一杯分のご飯を捨てているのと近い量になります。このうち、料理の食べ残し、冷蔵庫で眠ってしまっている食材、いつのまにか賞味期限（おいしく食べられる期限）

が切れてしまった食品など、家庭系の食品ロスが２４４万トン（47％）を占めています。[1]

賞味期限は、実際においしく食べられる期限のおおむね8割程度を目安に定められているのですが、保管状態によっては、もっと長く食べられる場合も多いようです。また、食品業界の慣習として、賞味期間の３分の1を「納品期限」、次の３分の１までを「販売期限」とするという「3分の1ルール」があって、「納品期限」を過ぎるとメーカーなどは小売店に納品できず、「販売期限」を過ぎると小売店の棚から撤去されてしまい、流通・販売過程での廃棄や、飲食店での食べ残し、売り物にならない規格外品など、事業系の食品ロスが出てしまいます。[2] こういった事業系食品ロスは２７９万トン（53％）となっています。

でも、家庭での食品ロスが半分近くを占めているということは、わたしたちの暮らし方によっては大いに改善の余地があるということなので、希望が持てますね。

（１）農林水産省「食品ロス及びリサイクルを巡る情勢」
https://www.maff.go.jp/j/shokusan/recycle/syoku_loss/attach/pdf/161227_4-3.pdf（2023.9.14）
（２）井出留美『賞味期限のウソ』幻冬舎新書、２０１６

いつでもゴムベラ、どこでもゴムベラ

ゴムベラを使って最後まできれいにぬぐい食べきる習慣が、家庭はもちろん、飲食店、学校、保育園や幼稚園、仕事場など、あらゆる場の食事時に広がってくれるといいなあとつねづね考えています。たとえば、学校給食でゴムベラを使い、先生が「最後までありがたくいただきましょう」とか、食品ロスのことなどを話して聞かせれば、子どものころから食べ物に対する感謝の気持ちが深まるのではないでしょうか。パン食であればパンできれいにぬぐうこともできます。もちろん、学校給食など集団の食事の場合は、体質の違いや嗜好など、個々の事情への配慮は必要だと思いますが。

飲食店でも、お皿に残った汁などを、パン食ならパンでぬぐえますが、ご飯食では、やはりゴムベラが役立ちます。パフェやケーキ、プリンなどの菓子類もクリームなどが容器に残りやすいですが、ゴムベラでぬぐうと効果大で、とてもきれいになります。きれいになれば、食器を洗うのも簡単、水も洗剤も少なくてすみます。飲食店や学校給食では、箸やスプーンのほかにゴムベラも添えてもらえるとうれしいなあと妄想しているわたしです。あるいはマイゴムベラを持ち歩くこともいいですよね。

こんなふうに、あなたも、ゴムベラのある暮らし、はじめてみませんか?

第2章

段ボールのある暮らし

段ボールで日射や冷気を防ぐ

わたしは、一人暮らしのアパートでも自宅でも、シート状の段ボールを活用しています。夏の暑さの緩和には、窓からの日射をさえぎることがたいへん有効ですので、夏場（6〜9月ころ）は、南側の窓の雨戸と障子を閉めたままにして、朝は、東側の窓枠に、午後は、西日の入る西側の窓枠に段ボールを置いて、日射をさえぎっています（写真2−1）。冬場は、冷気の侵入を防ぐことが大事なので、夕刻には早目に雨戸と障子を閉め、北側の窓枠には段ボールを置いています。アパートでは、雨戸や障子ではなく遮光カーテンとカーテンですが、気候にあわせて同じように開閉します。カーテンの場合は、カーテンの裾と床とのすき間から熱気や冷気が入ってきやすいので、裾を段ボールで押さえて、熱気や冷気の侵入を防ぐようにもしています（写真2−2）。昼間は不在が多いのですが、夏場には、あらかじめ西側の窓に段ボールを置いてから出かけます。こうしておくと、帰宅時には、真夏でも部屋がややひんやりしています。冬場は悩むところですが、天気のよい日は、朝からカーテンを開けて太陽熱をしっかり採り入れ、できるだけ日が落ちる前に帰宅するようにしています。

写真 2-1　窓の日射遮蔽

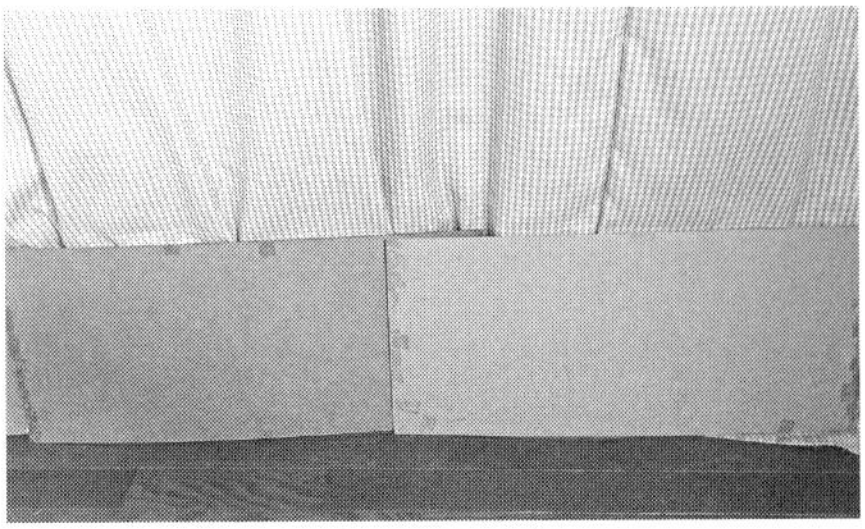
写真 2-2　熱気や冷気の侵入防止

使う段ボールですが、わたしは、家具などを買ったときの梱包材だったものを使っています。段ボールの波なみ（フルート）が2層になっているものが多く、硬くてしっかりしているので重宝しています。以前に、1×2mの強化段ボール（あとの項で述べます）を購入したときに、1×2mの単層段ボールで養生されてきたのですが、これもありがたく使わせてもらっています。あるいは、段ボール箱をたたんでそのまま使うこともできますし（広がってくるようであればガムテープなどで止めて）、これがいちばん簡単で、しっかりしています。

こういった段ボールを窓の大きさにあわせてカットして、必要なときに置くだけなので、費用もいらず、とても簡単です。大きな段ボールがなければ、小さな段ボールを複数枚置いてもいいですし、使わないときに邪魔になる場合には、片面に切り込みを入れて折りたたんで使うと便利です。通常の段ボールでもあんがい丈夫なので、わたしは20年近く使っています。窓を開けて風がとおると、段ボールが落ちたり倒れたりしてしまいますが、窓枠の上部にガムテープで止めるなどして落ちないようにしています。

夏場は、できるだけ南側からの日射を防ぎ、北側の光と、午前中は西側、午後は東側からの光で暮らしています。南側からの日射はもちろんたいせつですが、地球温暖化で暑くなる一方の今日では、北側や西側、東側からの光も生かすとよいのではないでしょうか。第3章で述べますが、自宅のリビング空間には東西南北に窓を取り、いろいろな光を用いることができるように設計しました。

変形の窓にもおススメ

最近では、軒の出が短い家やほとんどない家、窓の上に庇のない家などが多くなっています。洋風や総2階建ての住まいでは、軒の出を長くすると外観のバランスが取りにくいですし、庇もないほうがデザイン的にすっきりするからでしょうか。しかし、軒の出や庇には、外壁を雨から守り、夏場の日射をさえぎるといったたいせつな役割があるので、これらがないと、夏場の日射が外壁を熱し、室内にもまともに入ってきてしまいます。窓も、以前には、床まである掃き出し窓か、腰壁のある窓が一般的だったのですが、いまでは、細長い長方形など、さまざまな形の窓が設けられていますし、雨戸のない窓や、カーテンやブラインドをつけていない窓も多いように思います（すりガラスの場合は特に）。

こういった家の窓にも段ボールが効果を発揮すると思います。床までの掃き出し窓には大きなシートが必要なので、遮光カーテンの方が向いているかと思いますが、以前、我が家で雨戸が壊れたときは、窓に1×2mの段ボールを置いて遮光、遮熱することができました。変形の窓の場合も、段ボールであれば窓の形にあわせてカットできますし、段ボールを置くだけで光と熱をさえぎってくれます。高い位置にある窓の場合は、段ボールの一部に小さな穴を開けて長い棒（適当なものがなければあとで述べる強化段ボールでつくれます）などにひっかけて持ちあげて窓枠に置き、またひっかけておろすとよいと思います。

家具などの下に敷いてすべらせる

フローリングの床に置いている家電製品や家具の下には、段ボールを敷いています。こうしておくと、よくすべって動かしやすく、とても便利です。第1章でも述べましたが、わたしは食事の支度や食事をしながらＴＶを視聴するので、ＴＶの下に小さな段ボールを

写真 2-3　TV の下に敷く

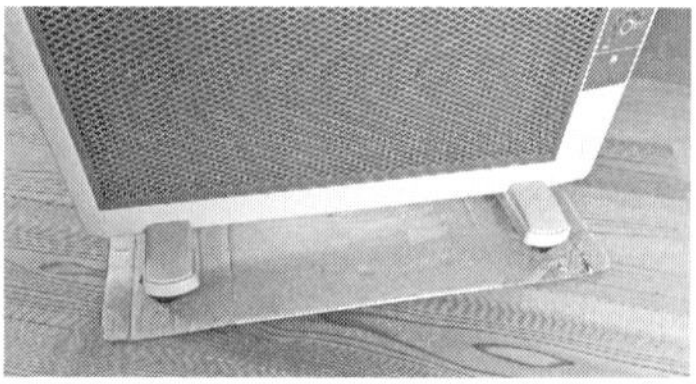
写真 2-4　キャスターの下に敷く

敷いておいて、状況に応じて動かしたり、角度を変えたりしています。楽に動かせるので、とてもありがたいです（写真2－3）。箪笥などの下部の四隅に貼っておいても動かしやすくなって便利です。また、自宅の床は杉板なのですが、段ボールは、やわらかい杉板の保護にも役立ちます。キャスターつきの家具などを動かすと床にすり傷がついてしまう心配がありますが、段ボールを敷いて動かせば大丈夫です（写真2－4）。

これ以外にもいろいろな使い方があると思いますので、ぜひ試してみてください。

強化段ボールは優れもの！――強い、軽い、環境にやさしい等々

通常の段ボールのほかに、シート状の「強化段ボール」も活用しています。強化段ボールは、ライナー（表面や内部のシート）とフルート（ライナーの間の波の部分）から構成されており、2層のも

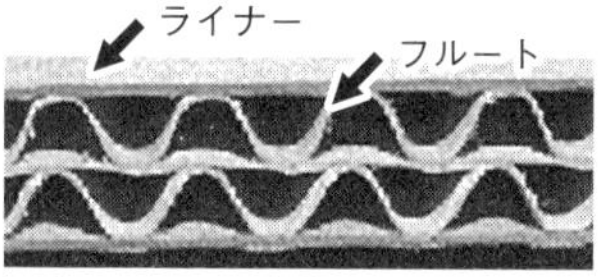

写真2-5　2層強化段ボール

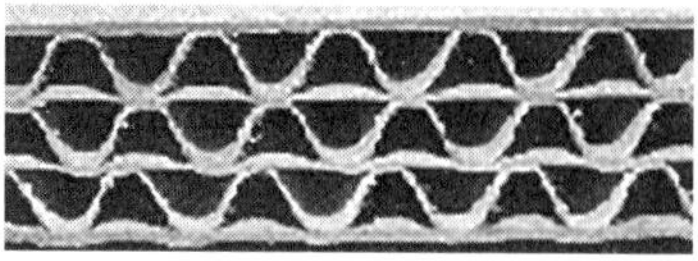
写真2-6　3層強化段ボール

の（厚さ10㎜）と3層のもの（厚さ15㎜）が主に使われています（写真2－5、2－6）。

　通常の段ボールでは、これらに古紙を使いますが、強化段ボールの表面ライナーには、バージンパルプ95％程度の耐水性ロングライナーが使われていて、硬くて丈夫です[1]。強化ダンボールは、重量物用の木材に代わる梱包材として1952年にアメリカで開発され、幅広く利用され、1960年代後半からは、世界各国に広がっていきました。日本では1974年から販売されています[2]。

　各種のHPなどを参照して特徴を挙げてみると[3〜7]、①強い――通常段ボールの約10倍程度の耐圧縮強度を持っており、一辺50㎝の箱であれば、2層で1・6トン、3層で2・6トンである、②軽い――中身が詰まっていないフルート構造のため、木箱重量の3分の1から4分の1である、③耐水性がある――耐水性ロングライナーが使われているので、水に濡れても多少強度は落ちるが乾けばもとにもどる、④安全である――外部衝撃に対して優れた緩衝性があるため、子どもの遊具や地震に備えての家具にもふさわしく、また、強化ダンボールを使った家具は接着剤が使われていないものが多く、アレルギー体質の人にも安心、⑤環境にやさしい――木箱より木材資源を60％削減することができ、不要になった場合にはリサイクルできる（１００％リサイクル可能な素材を使用）、⑥組み立て簡単、省スペース――工具を使わず、はめ込みだけで簡単に組み立てられ、使わないときは、ばらしてシート状にして収納できる、などです。

　こういった特徴を持つ強化段ボールは、梱包用だけではなく、家具や什器、雑貨、そして防災用のベッドやパーティションなどとしても広く使われています。

（１）株式会社タカムラ産業「強化段ボール（トライウォール）とは」
https://takamura-tmsg.jp/konpo/strengthening_cb/ （2023.9.15）
（２）Tri Wall https://tri-wall.com/ja/about-us/history/ （2023.9.15）
（３）株式会社タカムラ産業「一般ダンボールと強化ダンボールとの違い」
https://takamura-tmsg.jp/konpo/strengthening_cb/hikaku/ （2023.9.15）
（４）Tri Wall Japan「Tri-Wall Pak / Bi-Wall Pak」
https://tri-wall.co.jp/solutions/packaging/material/tri-wall/ （2023.9.15）
（５）矢野紙器株式会社「強化ダンボールとは」https://www.yanosiki.com/service/strong_cb/ （2023.9.15）
（６）京阪紙工株式会社「強化ダンボールとは」https://www.keihan-shikou.com/kyouka/ （2023.9.15）
（７）浜田紙業（株）「ハイプルエースとは 強化ダンボール板で分厚く頑丈で大きいので工作やベット椅子ＤＩＹで使用できる」https://kaminotakuhaibin.com/archives/6817 （2023.9.15）

強化段ボールとの出会い

強化段ボールをはじめて知ったのは、2002年の秋ころに、研究室の学生が、卒業研究で強化段ボールによる家具つくりを提案してきたときでした。調べてみると、強化段ボールという強くて、軽くて、環境にもやさしいすばらしい素材があって、家具など、さまざまなものに使われていることに驚きました。それ以降、新たに研究室に配属されてきた学生たちにも強化段ボールという素材のすばらしさを伝え、2007年までなん人かの学生たちの卒業研究として家具などの制作に取り組みました。

また、「ダンボール王選手権」というTV番組でも強化段ボールによる家具制作とインテリアコーディネートなどの様子を見ることができて、とても参考になりました。(1) この番組で、強化段ボールによるさまざまモノづくりに取り組んでいるチャッピー岡本さんを知って、HPを検索するなどしていろいろ学ばせてもらいました。チャッピーさんのHPは、強化段ボールの特徴、さまざまな作品や活動、段ボール家具のつくり方など情報満載ですので、ぜひご覧ください。(2) そして、2006年には、奈良のアトリエにもお邪魔してお話をうかがいました。研究室では、チャッピーさんデザインの棚などを使っていますが、20年近く経ったいまでも、まったく大丈夫です。

（1）TV東京「TVチャンピオン ダンボール王選手権」2003.7.3, 2004.6.10.
（2）ダンボール倶楽部 dumboo https://www.dumboo.com（2023.9.15）

強化段ボールのあつかい方のポイント

こういった強化段ボールのあつかい方については、チャッピー岡本さんのHPなどを参照していただくとよいと思いますが、ポイントだけを簡単に説明しておきます。

まず、段ボールの強度ですが、フルートが通っている方向には強くて、力が加わっても大丈夫ですので、椅子や机の脚、棚のフレームなどは、フルートが縦になるようにつくり、机の天板や棚板などは、長手方向にフルートが通るようにします。

カットの仕方ですが、段ボールを二つ折りにしたい場合は、あとで述べる衝立のように表面のライナー1枚を残して切り目を入れれば、ライナーが残った方向に折り曲げることができます（写真2－12）。

カット面を見せずに曲げたい場合は、たとえば90度であれば、折りたいところのライナー部分に、段ボールの厚みの幅で3本の切り目を入れ、両端の切り目から中心に向かっ

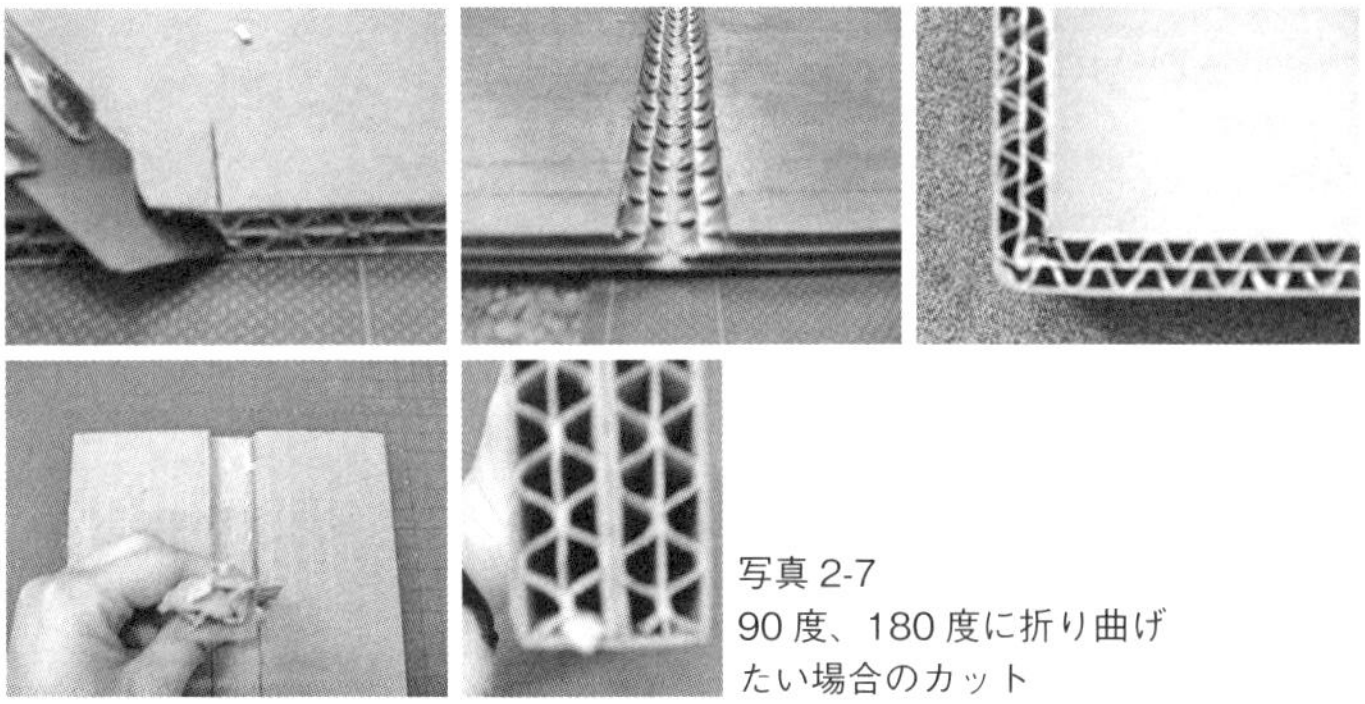

写真 2-7
90 度、180 度に折り曲げたい場合のカット

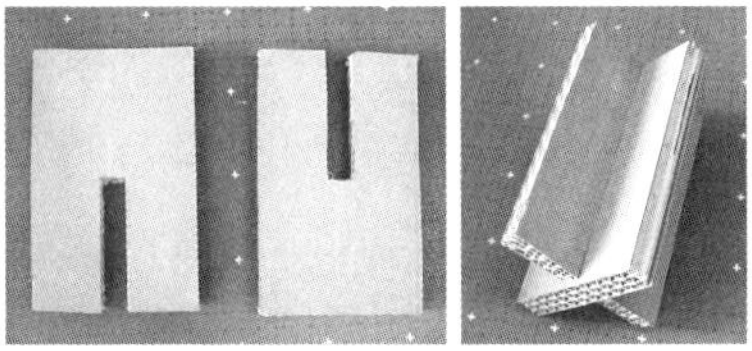

写真 2-8
組みあわせる場合（カム接合）のカット

て45度に切り取れば折ることができます。180度であれば、段ボール2枚の厚みの幅ですべて切り取れば折りたためます（写真2－7、佐藤あさみ／藤山明子／森田里美撮影）。

　段ボールを互いに差し込んで組みあわせるカム接合の場合は、段ボールの厚みの幅で半分の長さまで切り取り、組みあわせます（写真2－8）（写真2－8～2－11は、伊藤みつ恵／安田直代撮影）。

　段ボールのパーツを、ほかのパーツに差し込むサス接合の場合は、いくつかの凹と凸をつくり、差し込みます（写真2－9）。

　フルート面は、垂直にカットすると

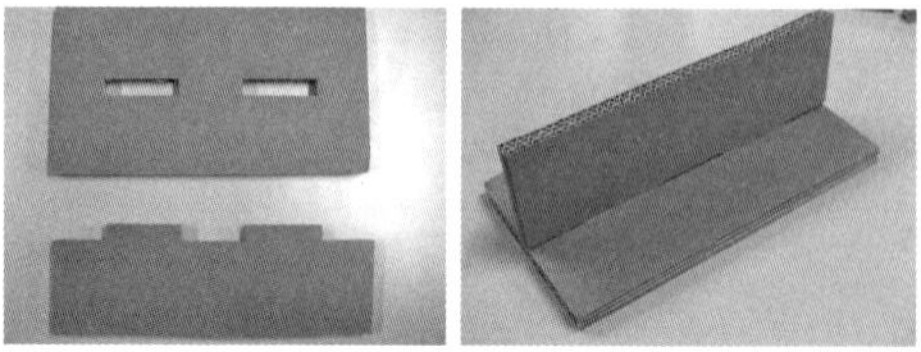

写真2-9
差し込む場合（サス接合）のカット

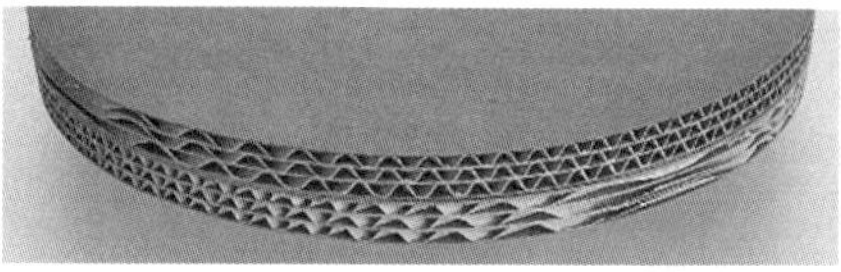

写真2-10
フルート面の波の変化（垂直）

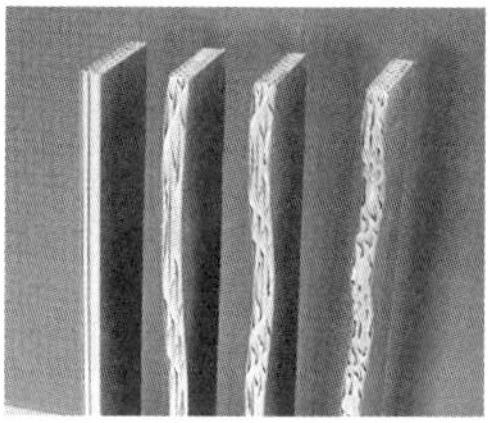

写真2-11　フルート面の波の変化（平行）

通常の波々が出ますが、斜めにカットすると、角度によって波々のあらわれ方が違ってくるので、それぞれの味わいが出ると思います（写真2－10）。

また、フルートに平行な切り口も（写真2－11の左端）、斜めのカットの仕方によっていろいろな波をあらわすことができます。

強化段ボールで「自在に暮らす」

先に述べたように、強化段ボールにはさまざまな特徴がありますが、なかでも、「使わないときは折りたたんでおける」という点に、特に関心を持ちました。日本人の暮らしの根底には、物事は「絶対」や「固定」なのではなく、つねに変化し移り変わるという「無常」の思想があって、身のまわりにも、着物、風呂敷、屏風、提灯、扇子等々、立体的なものが折りたためば平面的なものに変化する事例がたくさんあります。住まいでも、襖や障子を開けたり閉めたり、取りはずしたりできますし、畳の上にはできるだけなにも置かず、ときどきの用途に応じてモノを出して「しつらえる」暮らしがありました。ひとことでいえば、「自在な暮らし」です。

段ボール家具などの制作の様子を見たときに、これはとても日本の文化にかなう素材だなと気づきました。第二次大戦後の暮らしの変化のなかで、住まいも洋風化し、家具も固定化して、暮らしの価値観も変わってきましたが、強化ダンボールという現代的な素材で、伝統的な暮らしの知恵を今日に生かして、楽しく、快適に、便利に、自在な暮らしを取り入れたいものだと思っています。

写真 2-12　衝立

自在な暮らしというほどでもないのですが、我が家での使い方を少し紹介すると、1×2mの段ボールシートに切り目を入れて、屏風のように折り曲げて立てて、ちょっとした目隠し（衝立）として利用しています（写真2－12）。衣類などをちょっと掛けておく「衣桁」としても重宝しています。用途に応じて、段ボールシート

写真 2-13　物入れ

写真 2-14　ローテーブル

写真 2-15　スツール

の長さや切り目の数を調整するとよいと思います。物入れもつくりました（写真2－13は前の扉を少し開けた状態）。天板もはずすことができるので、上からも出し入れできて便利です。チャッピー岡本さんの家具を参考にしてつくったテーブルや椅子なども含めて（写真2－14、2－15）、20年近く使っていますが、まったく大丈夫です。自宅の床は杉板ですが、強化段ボールの家具であれば杉の床が傷つく心配もありません。使わないときは折りたたんでおくこともできます。

「自在に暮らす」学生たちの作品

先にも述べたように、研究室では、2003～2007年にかけて、学生の卒業研究として強化段ボールによる家具などの制作をおこないました（表2－1）。いずれの作品も、「変化する」「自在に暮らす」という発想を基底にしたもので、A－パーツの

表 2-1　強化段ボール関連卒業研究テーマ一覧

年度	タイトル	サブタイトル	分類	担当学生名
2003	積み木家具		A	子安美江 / 柴田千鶴
2004	なみ波なみ並 家具セット	強化段ボールで 一人暮らし	C	伊藤みつ恵 / 安田直代
2004	ベンチベッド	強化段ボールによる 家具作り	A	杉浦友美
2004	たたみ（畳）家具		C	久野可奈代
2004	襖障子	陰影を楽しむ建具	D	吉田遥
2005	毎朝らくらく身支度家具		C	伊藤宏江 / 牧野絵美
2005	ともに育つ	ベビーベッドから 学習机へ	B	長谷川萌子
2006	変幻	床ときどき???	A	鱸香織
2007	はこぼっくす 箱ボックス 運 box	強化段ボールと暮らす 1	A	佐藤あさみ / 藤山明子 / 森田里美
2007	ぱたぱたアコーディオン ブース	強化段ボールと暮らす 2	C	戸崎友美
2007	CUBE LIGHT	強化段ボールと暮らす 4	D	倉田恵里
2007	灯り屏風	強化段ボールと暮らす 5	D	加藤麻美
2007	パネル・パズルで 遊ぼう!	強化段ボールと暮らす 6	A	木村奈津美
2007	ベビーラックから 三輪車へ	強化段ボールと暮らす 7	B	土屋順子

A：パーツの組み合わせによってさまざまな使い方をする
B：子どもの成長とともに変化する
C：必要に応じて組み立てる
D：陰影を生かす

組みあわせによってさまざまな使い方をする、B－子どもの成長とともに変化する、C－必要に応じて組み立てる、D－陰影を生かす、の4つのタイプに分類することができます。ここでは、主な作品の概要を紹介したいと思います。なお、写真は、いずれもそれぞれの学生が撮影したものです。

Aタイプ――パーツの組みあわせによってさまざまな使い方をする

まず、Aタイプですが、2003年の「積み木家具」は、段ボールによる家具づくりの発端となったもので、立方体を用いた積み木家具である「セラ」「キュービックス」で遊ぶときのように、楽しみながら組み立てることができる多機能家具となっています。7種類のパーツと3種類の板状シートから構成されており、各パーツは2つ以上の用途に対応していて、これらをすべて組みあわせると一辺が90㎝の立方体として収まります（写真2－16）。

たとえば一辺45㎝の立方体は、カットした3層段ボールの四隅に2層段ボールをはさんで貼りあわせたもので、スツールや物入れ、灯りなどに使えます。そのほかのパーツでは、

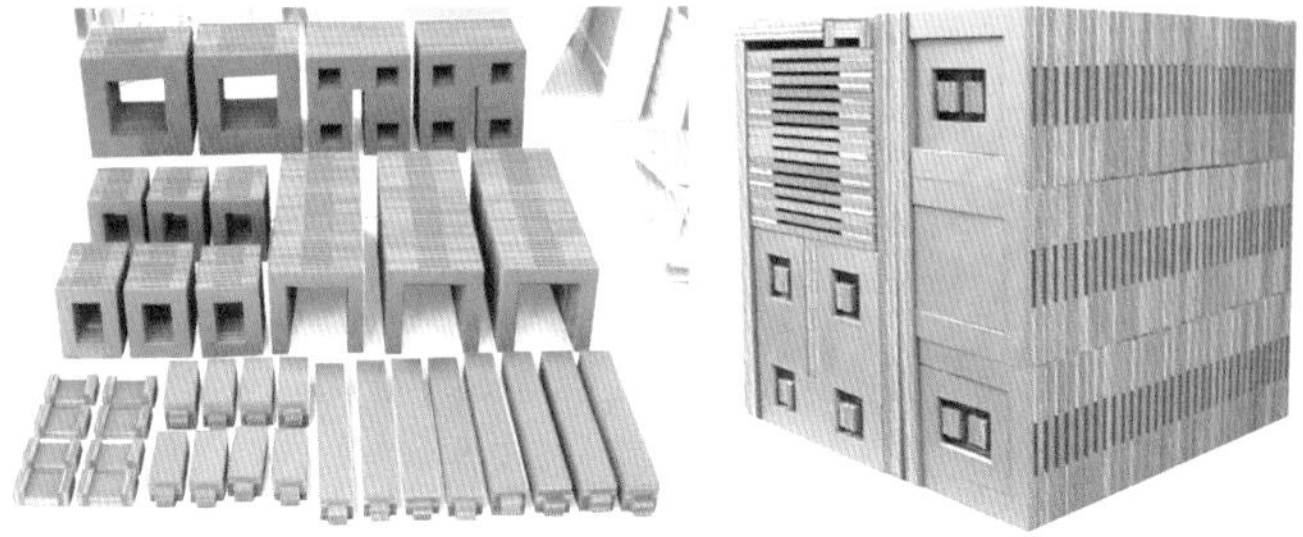

写真 2-16　各パーツと一辺 90cm の立方体

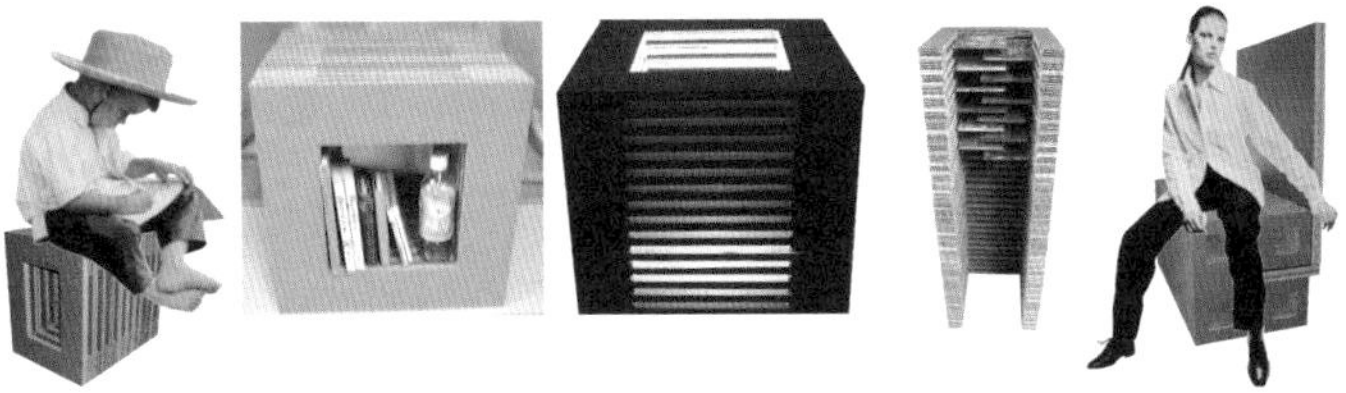

写真 2-17　スツール、物入れ、灯り、CD ラック、椅子

写真 2-18　机（上）、
ベッド（左）

CDラック、椅子や机、ベッドなどとしても使えます（写真2－17、2－18）。段ボールの表面には、耐水性と風あいを高めることをねらいに自然塗料の柿渋を塗布しています。「はこぼっくす 箱ボックス 運box」は、単身赴任や転勤など、引っ越しが多い家族を念頭において、家具自体が引っ越し用のダンボール箱にもなるように制作したものです。業者さんへの聞き取りから、2～3人家族の場合、引っ越し時に必要なダンボール箱は約30箱ということだったので、この数を満たせるようにつくっています。

写真2－19は、2層段ボールでつくった大きい箱（蓋なし、W49・5×D49・5×H35㎝）のなかに小さい箱（蓋あり、W44・5×D44・5×H27㎝）を入れ、クッション材を布でくるんでソファとしたものです。写真2－20は、2層段ボールを用いて、入れ子にできる5種類の引き出しつき箱（W23～50、D28～45、H21～45㎝）をつくり、これらをさまざまに組みあわせて、棚やベッド、スツールなどに利用するというものです。いずれも、柿渋で塗装する、段ボールに切り込みを入れて布をはさんでくるむなどしています。

写真2－21は、2層段ボールでつくった箱（W66・5×D28×H28㎝）を組みあわせて棚や机などとしたもので、箱は和紙でくるんでいます。棚の場合は、2層段ボールを2枚重ねて、内側の2層段ボールに切り込みを入れて棚が組み込めるフレームをつくり、いろいろな組み方ができるようにしています。机では、2層段ボールを用いた天板（裏面の周

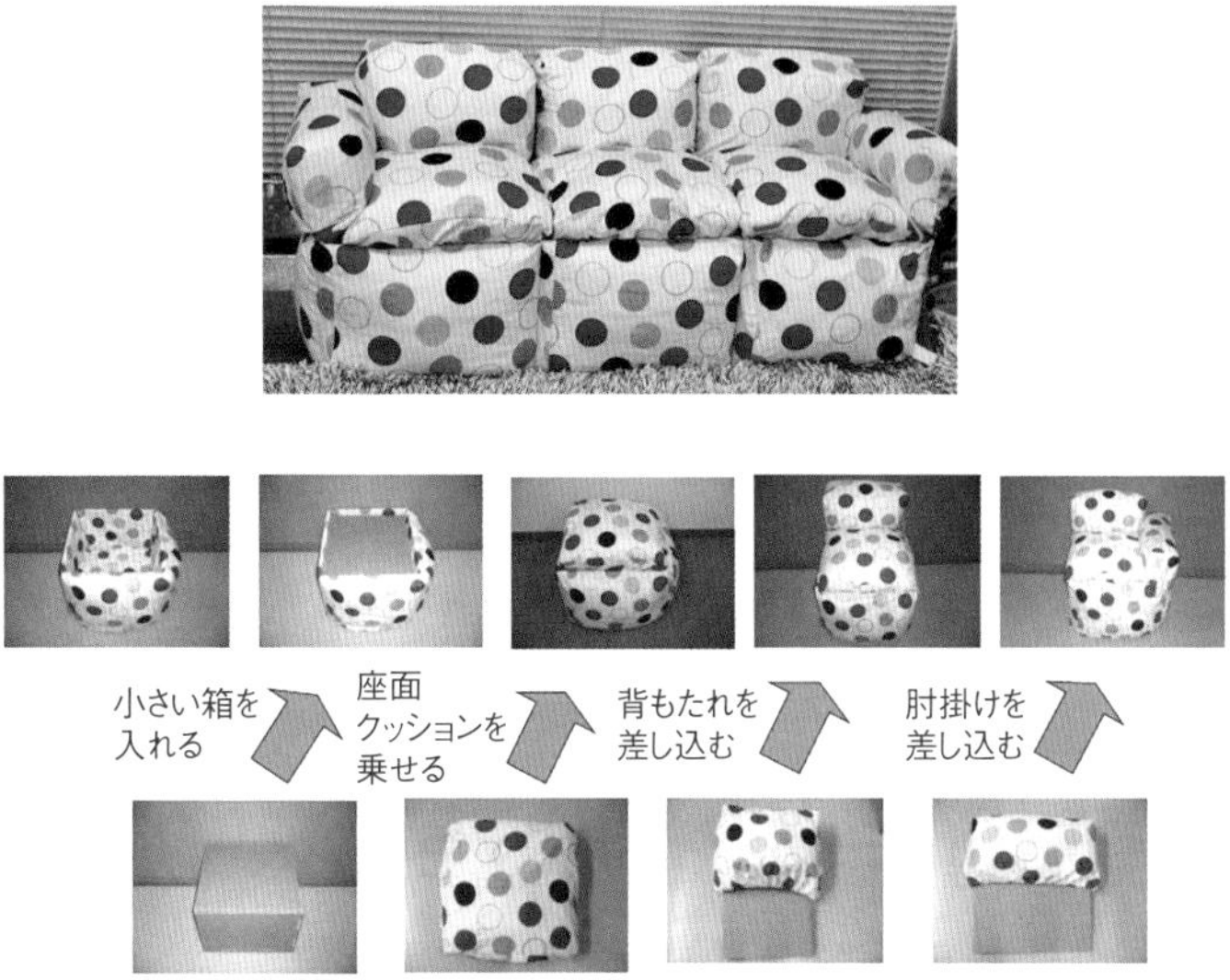

写真 2-19　大小の箱を組みあわせたソファ

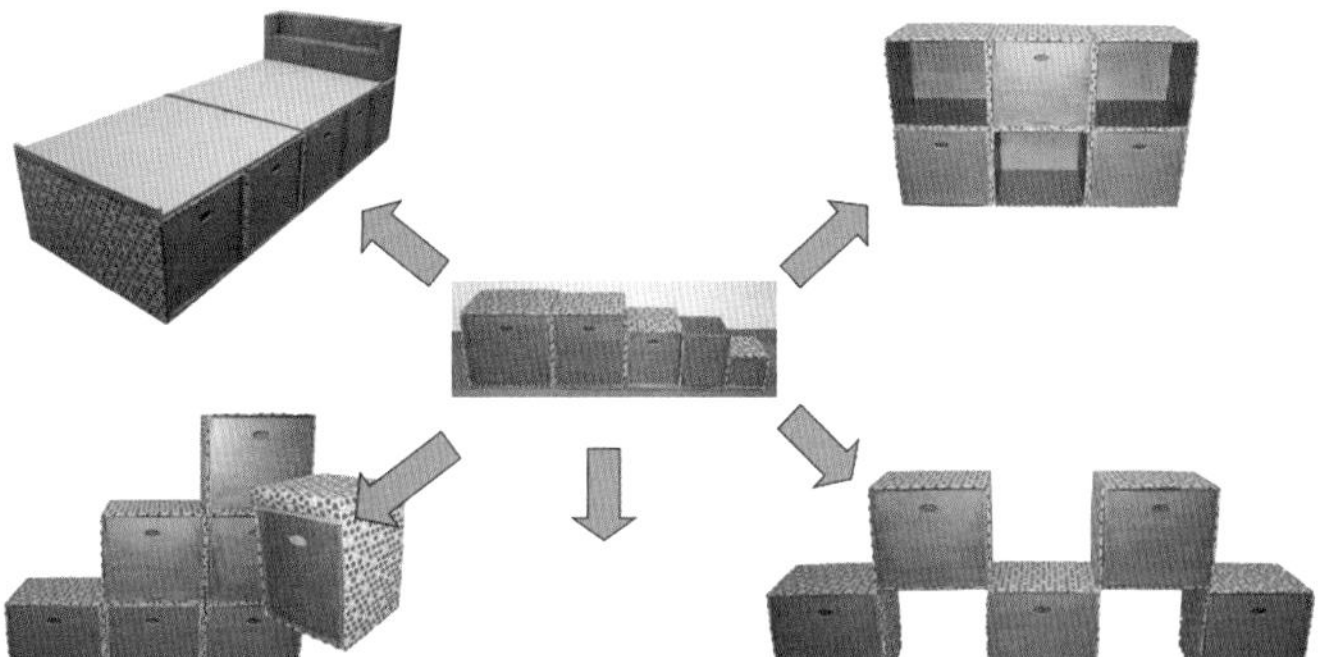

写真 2-20　中央の大小５種類の引き出しつき箱を組みあわせた
ベッド、スツール、物入れ、棚

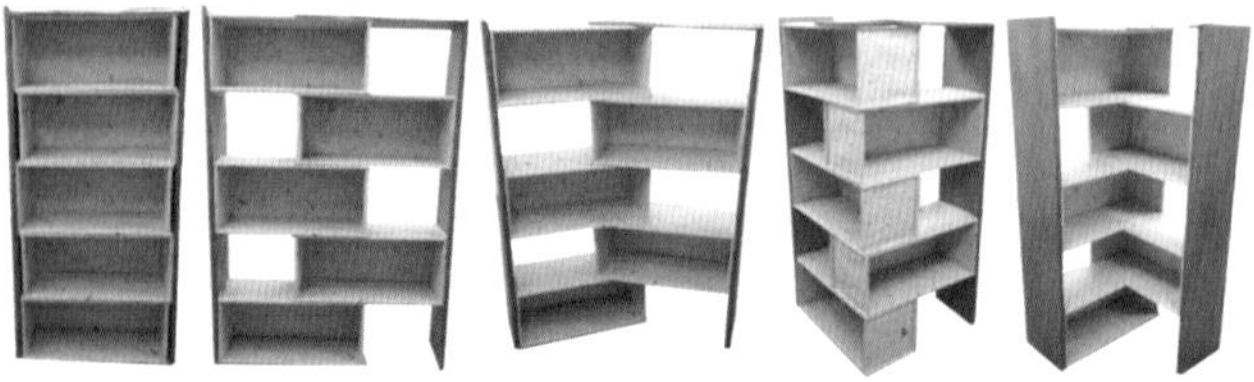

写真 2-21　直方体の箱を使った棚

写真 2-21 の 2
同じくテーブル、机

写真 2-22　10 分の 1 ドールハウス

囲には、箱をはめ込むためのフレームをつけて）をつくり、横置きにした箱２つの上に置けばリビングテーブル（Ｗ１２０×Ｄ72・５㎝）として使うことができ、箱の空いた側を上に向ければ収納に、外に向ければ、棚になります。箱１つの上に天板を置けば、小さなテーブルになります。また、縦置きにした箱４つの上に天板を置いて、箱に棚板や引き出しを入れれば、デスクあるいは学習机（Ｗ１２６×Ｄ72・５㎝）として使えます。棚フレームとテーブル天板には柿渋塗装をしています。

「パネル・パズルで遊ぼう！」は、ライフスタイルやライフサイクルの変化に応じて、さまざまな用途に変換することができるような家具を、10分の１のドールハウスとして提案したものです（写真2－22）。大人も子どももパーツを組み替えるなどして遊びながら、家具の仕組みを知ることができるような作品としました。ドールハウス本体には強化ダンボール、家具には使用ずみタバコ輸送用ダンボール、生活小物には空き箱、針金、布などの生活廃材を用いています。家具用には9つのパーツがあり（写真2－23）、これらの組みあわせによって、椅子やテーブル、ベッド、棚などをつくることができます（写真2－24）。

「変幻——床ときどき?・?・?」は、パーツの組みあわせによって、ふだんは棚や収納つき畳床として使い、必要なときには囲われた部屋にもなるような変幻自在な空間の提案です（写真2－25）。パーツの一つは、棚にも使える箱で、これを寝かして組みあわせると収納も兼ねた床用の土台となります。ここに畳をはめると収納つきの置き畳となり、この周囲に敷居となる箱を置けば、畳床となります。敷居用の箱のなかには、柱や鴨居、建具が入っており、部屋にしたいときはこれらを取り出し、箱のふたを裏がえして鴨居にして組み立てると3畳大の和室を生み出すことができるというものです。これをつなげれば6畳大にすることもできます。

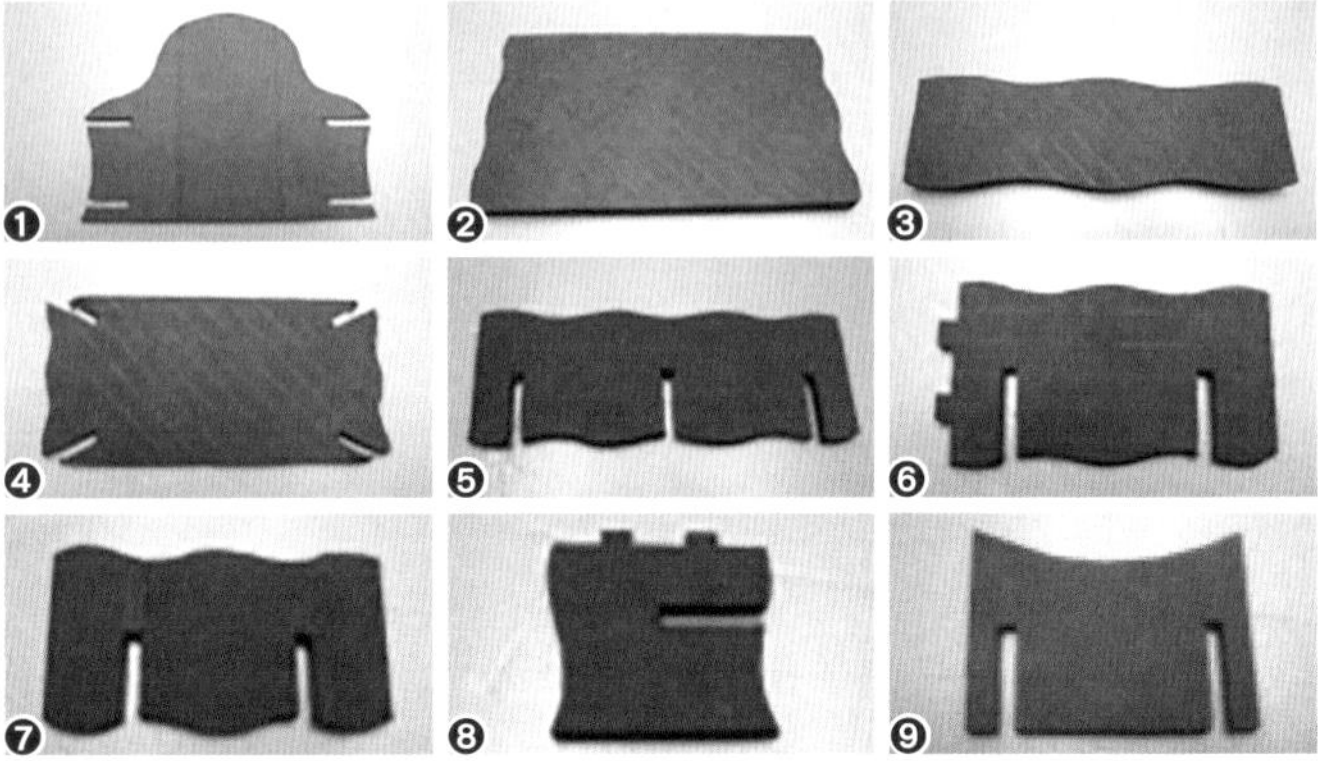

写真 2-23　家具用の 9 つのパーツ

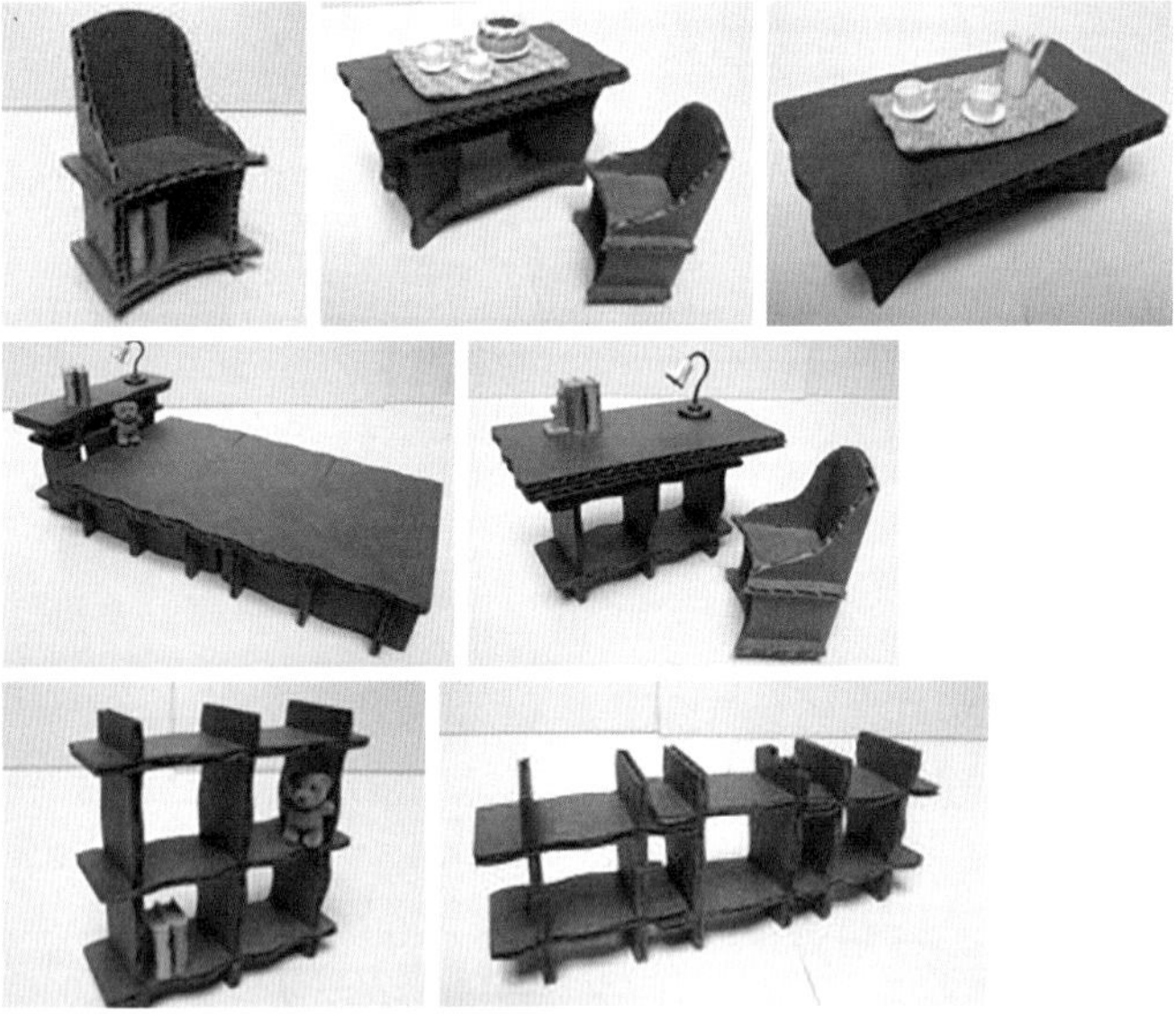

写真 2-24　パーツを組みあわせた家具の例
（利用したパーツ：椅子❶，❾、テーブル❷，❹，❻ or ❽、ベッド❷，❸，❺，❻、学習机❷，❺，❻、棚❻，❼）

写真2-25　棚、収納兼用の床、置き畳、敷居の箱、畳床、柱・鴨居・建具を取りつけて和室へ

Bタイプ――子どもの成長とともに変化する

次に、Bタイプの「ともに育つ――ベビーベッドから学習机へ」を紹介します（写真2-26）。ベビーベッドは使用期間が短く、長くても2年までなので、レンタルや譲渡が多いようですが、赤ちゃんのころのベッドを学習机へと組み替えることができれば、愛着を持って長く使ってもらえるのではないかと考えました。ベビーベッドには標準サイズとミニサイズがありますが、ミニサイズであれば、少し大きめの学習机としてもふさわしいので、W98×D68㎝としました。しかし高さは、ベビーベッドでは50㎝、学習机では70㎝となるので、この差をどうするかが課題となります。そこで、ベビーベッ

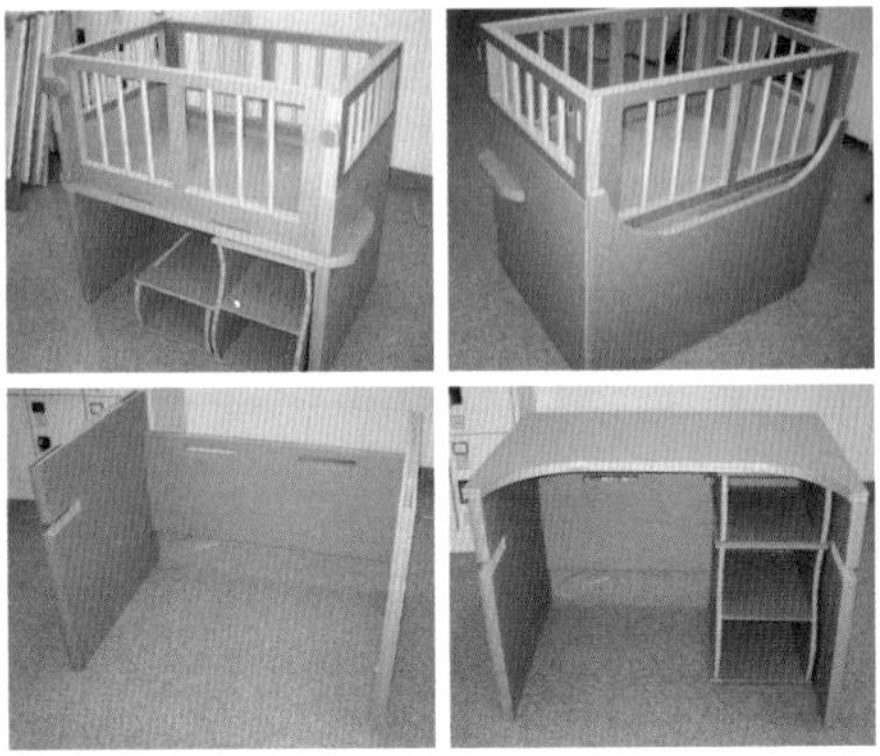

写真 2-26　ベビーベットから学習机へ

写真 2-27　ベビーラック→押し車→乗用玩具→三輪車、これらの共通パーツ

写真 2-28　ベビーラック・押し車パーツ、乗用玩具・三輪車パーツ

ドのフレームを70㎝の高さにしておいて、ベッドの天板は50㎝の高さに差し込んで使い、学習机にするときには、ベッドの背面に付加してあった天板をフレームの上端に置くようにしました。天板は、いずれも3層と2層の段ボールを重ねています。フレームは2層段ボール2枚の間に、ところどころすき間を空けて3層段ボールをはさんであって、ここにベッドの柵あるいは机の天板を差し込めるようになっています。この家具も柿渋塗装をしています。

「ベビーラックから三輪車へ」は、赤ちゃんのころからの成長にあわせて、ベビーラック↓押し車↓乗用玩具↓三輪車までの4過程に変換できる乗り物を提案したものです（写真2－27）。愛着を持って使ってもらうことと、子どもといっしょに組み替えるといった知育もねらいとしています。小さな子どもにもなじみやすいようにオスモカラーで塗装して、4つに共通するパーツと、ベビーラック・押し車パーツ、乗用玩具・三輪車パーツを用いて組み立てます（写真2－27、2－28）。

写真 2-29　机、椅子、テーブル、棚

写真 2-30　小物を置いて展示

Cタイプ——必要に応じて組み立てる

「なみ波なみ並家具セット——強化段ボールで一人暮らし」は、学生時代の一人暮らしに対応した家具の提案です（写真2－29）。一時的な一人暮らしの折に、家具を買いそろえて、短期間で処分するのは資源の無駄になるといえるので、再生可能な強化段ボールでつくってみたものです。耐久性があるので新入生などに譲ることも可能ですし、折りたためて配送も楽です。机、椅子、テーブル、棚のほかに、小棚、ブックエンド、フォトスタンド、CDラックなどの小物もつくっています（写真2－30）。

写真2-31　3層強化段ボールシートのカット、土佐和紙、民芸和紙、襖障子

Dタイプ――陰影を生かす

Dタイプは、強化段ボールが層構造であることを生かしたものです。まず、「襖障子――陰影を楽しむ建具」は、光によって陰影が浮き立つ襖のような障子です。187×95・5cmの3層段ボールを用い、表と裏から1層分を部分的に切り取って四角形をつくり、和紙を貼って（今回は土佐和紙）、最後に、アクセントと強度を高めるために周囲に木枠を貼りつけています（写真2－31）。和紙の種類によって風あいが異なるので、好みの和紙を選ぶとよいと思います。

次に、「CUBE LIGHT」は、2層段ボールを用いた灯り（ランプシェード）です。襖障子と同じように、1層分を部分的に切り取って四角形をつくり、和紙を貼ります。積み木の「セラ」を参考にして、1cmずつずらした9～17cmと10～18cmの3面立方体を各9体、2組つくりました（写真2－32）。

写真 2-32　２層強化段ボールシートのカット、和紙—大和ちり、３面立方体

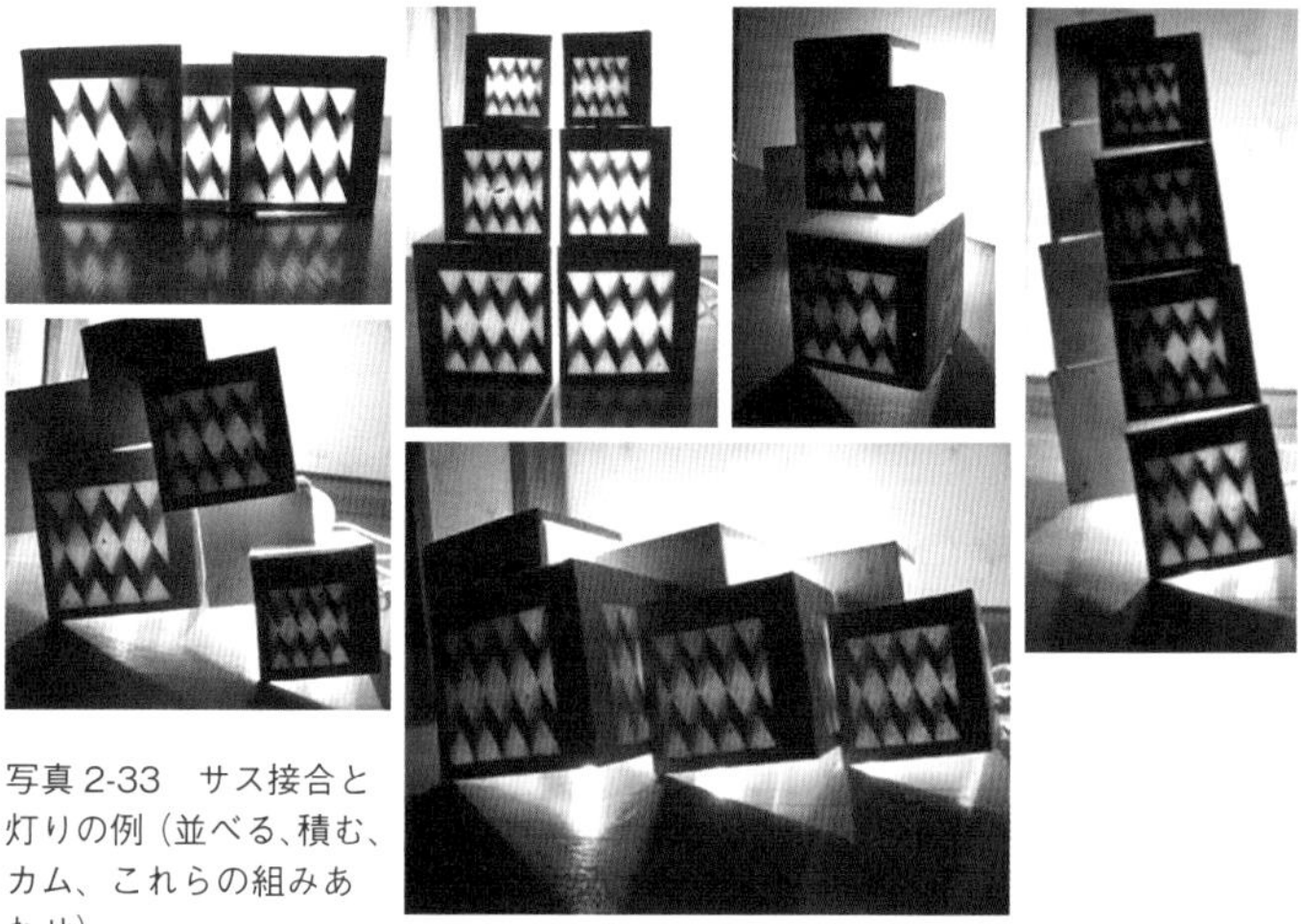

写真 2-33　サス接合と灯りの例（並べる、積む、カム、これらの組みあわせ）

和紙は厚手で丈夫な「大和ちり」の白と、赤みのある未晒をそれぞれの組に用いて、色あいの違いを楽しめるようにし、底面（光を通さない面）には切り込みを入れてカム接合できるようにしています。立方体を並べる、積む、カム、さらにこれらを組みあわせるなどすれば、さまざまな形と陰影を生み出すことができます（写真２－33）。３面の立方体なので、光源の熱がこもる心配はほとんどありませんが、消費電力をおさ

写真 2-34　強化段ボールによる机を用いた卒業研究成果物展示の様子

えるためにもLEDランプを使うとよいと思います。

展示用机をつくる

最後に、わたしが2008年にデザインした展示用机を紹介します。これは、チャッピー岡本さんの机を参考にしながら、天板の周囲と足の部分にウェーブをつけて、フルート面の波の出方を生かせるようにしたもので、図面を描き専門業者さんにカットしてもらい、毎年開催される卒業展（学科の卒業研究成果物展示会）で研究室の展示用に使っています。ふだんはコンパクトに折りたたんでおけて、軽くて持ち運びも楽なので重宝しています。写真2－34は、この机を並べて、研究室で取り組んだ大学立地地域の緑の丘再生計画に関する模型などを展示している様子です。なお、2008年度からは、卒業研究として、環境共生や地域振興にかかわるテーマに取り組んできており、主な内容は文献1、2で紹介していますので、ご覧いただければ幸いです。

あなたも、段ボールのある暮らし、はじめてみませんか？

（1）松原小夜子「地域振興にかかわる卒業研究の取り組み――環境共生および防災に関する事例」椙山女学園大学研究論集 自然科学篇 (54), 103-119, 2023.3.
（2）松原小夜子「地域振興にかかわる卒業研究の取り組み――観光・移住および愛着・定住に関する事例」椙山女学園大学研究論集 自然科学篇 (55), 113 -130, 2024.3.

第3章

二重通気層と地域材（吉野杉）に包まれる暮らし

外張り断熱二重通気工法との出会い

わたしの自宅は、冷房や暖房をあまり使わず自然な方法で快適に過ごせることをねらいとした「外張り断熱二重通気工法」の家です。以前に住んでいた家は、通常の木造在来工法2階建てでしたので、夏は蒸し暑く冬は乾燥して寒い状態でした。冬場はなんとかしのげるものの、夏場は暑くてたいへんでした。冷房が苦手なので、夏場は、できるだけ風を通して暑さをしのいでいましたが、窓を開けると日射もいっしょに入ってきてしまいます。緑のカーテンを育てれば、日射をさえぎってくれて、室内に入ってくる空気温も下げてくれるので効果的なのですが、なかなか手がまわらず設置できていませんでした。

また、建て詰まった住宅地では、窓を開けると室内の音が外へ漏れるし、道路や隣家の音なども聞こえてきてしまうので、開ければ快適とはいきません。どうしても暑い時期はやむなく冷房を使っていましたが、廊下や冷房していない部屋は暑くて、温度差があることも不快でした。2階を寝室にしていたのですが、冷房を入れて眠るのが苦手なので、夏場の夜は寝苦しくて困っていました。なので、夏場に「窓を閉めて、冷房を使わずに家中で快適に過ごせて、夜にも冷房を使わずにここちよく眠れる」といった、普通ならあり得ないような建て方はないものかとつねづね考えていました。

そんななか、住宅関係の雑誌かなにかで、わたしの願いにぴったり⁉と思えるような「外張り断熱二重通気工法」という方式があることを知って、たいへん興味を持ちました。これはエアサイクル産業株式会社が1977年に開発した工法で、同社が「パッシブエアサイクル（PAC）」と名づけたものでした。太陽熱を利用した日本独自のパッシブソーラー方式だといえます。1994年には、この工法や住まいづくりの考え方を詳しく論じた『プラス思考の健康住宅づくり』という本も出版され、さっそく読みました。[1] 実際の建築例とそこでの暮らし、温湿度の測定結果などを記した本も出ています。[2][3] 同社は、残念ながら現在はありませんが、「株式会社ひらい」の東京営業所内にある住宅設計施工部門に引き継がれているようです。[4] PAC工法は、企業によって「エアパス」「ソーラーサーキット」などの名称で用いられてきましたが、基本原理はいずれも同じです。また、NHKの番組でも取りあげられ、施工の様子や施工例、住まい手の声などが紹介されました。[5]

地球温暖化の影響もあって、ますます夏が暑くなるなかで、暑さ、とりわけ就寝時の2階の暑さに耐えかねて、ついに外張り断熱二重通気工法の家を建てようと決心しました。また、実際に建ててみて住み心地を検証する実験住宅という意味あいもありました。

（1）田中慶明／若林礼子『プラス思考の健康住宅づくり』光雲社、1994
（2）田中慶明／若林礼子『やっと出会えた本物の木の家』ほたる出版、2003
（3）田中慶明／若林礼子『本質を暮らす贅沢な家』ほたる出版、2005
（4）エアサイクルハウジング　ひらい東京一級建築士事務所「夏と冬、衣替えするエアサイクルの家」
https://www.passive.co.jp/pac/（2023.9.15）
（5）NHK総合「リビングナウ　通風と断熱で夏を涼しく」1991.7.12.

外張り断熱二重通気工法の仕組み

夏は蒸し暑く、冬は乾燥して寒いという気候の日本では、この両方を、できるだけ自然な方法（パッシブな方法）で解決するのはたいへんむずかしいことですが、「住まいは夏を旨とすべし」といわれてきたように、伝統的な住まいでは、対処がよりむずかしい夏の暑さをしのぐことを優先してきました。しかし、第二次大戦後は、冬の寒さ対策が重要な欧米の住まいにならい、日本でも冬の寒さに強い、断熱性と気密性の高い住まいへと変化し、冷房機器が開発されたこともあって、夏の暑さは冷房機器を使うということで解決してきました。今日では断熱気密性能は一層高まり、できるだけ少ないエネルギーで1年を通して快適に過ごす家が主流となっています。外張り断熱二重通気工法でも断熱気密性を高めることは同じですが、断熱気密性を高めつつ、季節に応じて住まいを衣替えして、暖房や冷房に頼らず自然な方法で過ごせる期間をできるだけ長くしようとしている点が特徴だといえます。

では、外張り断熱二重通気工法の仕組みについて、簡単に説明したいと思います（詳しくは、前の項で示した文献やＨＰをご参照ください）。断熱の方法には、断熱材を、柱の間や内側に入れる方法（充填断熱）と、柱の外側に貼る方法とがありますが、この工法では、名前のとおり、外側に断熱材を貼りつけます。そして、断熱材と外壁との間には外側通気層を設け、断熱材と内壁との間には内側通気層を設けます。また、通常の工法であれば、基礎部分は外部となりますが、この工法では、家の内部とみなし、基礎部分も断熱して、開閉可能な床下換気口を設け、屋根上部には開閉可能な換気口つきの「越屋根」を設けます。こうして、基礎部分、内外の通気層、小屋裏、越屋根などに空気がめぐる仕組みを生み出します。

季節による衣替えの方法ですが（図３－１）、まず、夏モードでは、床下と越屋根の換気口を開けます。換気口を開けると、床下のひんやりした空気が床下コンクリート部分も冷やしつつ、太陽熱などによってしだいに暖められながら内側通気層内を上昇し、最後は越屋根から排出されます。これによって、内壁全体がひんやりした空気に包まれることに

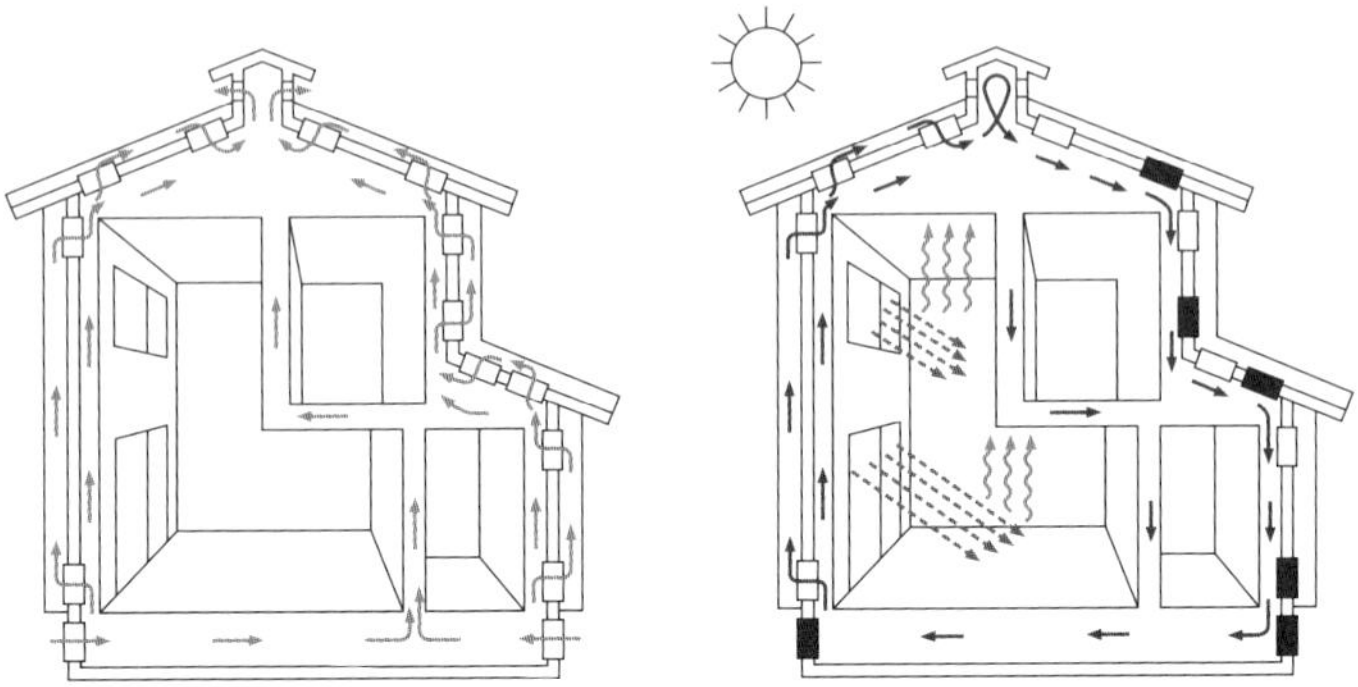

図 3-1　衣替えの仕組み——夏モード（左）と冬モード（右）

なります。外壁や屋根で熱せられた空気は、断熱材外側の外側通気層を上昇して、軒裏または越屋根から排出されます。窓は閉めて、窓からの通風ではなく、壁体内の空気の流れで涼しさを得る仕組みです。

一方、冬モードでは、床下と越屋根の換気口を閉めます。換気口を閉めると、太陽熱や室内で発生する生活熱などによって暖められた空気が南側の内側通気層を昇り、越屋根にあたって回転し、北側通気層ではやや冷やされながら降り、床下を経て、再び南側を昇るというように空気がめぐります。冷たい外気は、断熱材外側の外側通気層を上昇して、軒裏または越屋根から排出されます。外側通気層と内側通気層の間には、ところどころにダンパーが取りつけられていて、暖かな上昇気流は開いたダンパーを通して内外でやり取りされて効果を高めますが、北側や夜間の冷たい空気は、ダンパーが閉じて内部に入らないようになっています。

近年は春や秋が安定せず、暑さや寒さが変動しがちですが、こういった移行期にも、春の暑い日には、床下換気口は閉めたままにして越屋根換気口を開け、秋の寒い日には、床下換気口は開けたままにして越屋根換気口を閉めるなどすると、室温を調節することができます。

このように、通気層内につねに気流がある仕組みは、さまざまな利点を生み出しますが、主な利点としては、①床・壁・天井が同じような表面温度となるので、冬場に床面が特に冷えるということもない、②吹き抜けをうまく設ければ、1階2階ともに家全体を同じような室温に保つことができる、③天候にかかわらず、湿度も年間をとおして安定する、④建物内部（構造体部分など）の結露を防ぐことができ、見えない部分の木材も健全に保つことができるので、建物が長寿命化する、⑤家の北側や押し入れのなかなどに湿気がこもらず結露も防げる、などを挙げることができます。

実際の施工の様子

先に述べた仕組みを写真で示してみます。まず、基礎コンクリートを内部から断熱し、開閉可能な床下換気口を設けます（写真3－1は換気口が開いた状態）。床下換気口は基礎の外側から開閉します。写真3－1の上部に見えているのは1階部分の断熱材で、この内側に内壁を設けると、断熱材と内壁の間に内側通気層が生まれ、この通気層が2階、そして小屋裏、越屋根へとつながります（写真3－2）。最上部の越屋根にも換気口を設けて、夏場はこの換気口から暖まった空気を逃します（写真3－3は換気口が閉まった状態）。越屋根の換気口は、家のなかに取りつけられているレバーによって簡単に開け閉めできます。なお、写真を見て、通常の外断熱とは違うことに気づいた方もおられるかと思いますが、この家の施工では、断熱材を柱などの内側に外面あわせで挿入する独自の方法を用いています。1階の天井ふところや室内の間仕切り壁内部も通気層となり、空気が流れます（写真3－4、3－5）。断熱材の外側や屋根部分にも通気層を設けます（写真3－6、3－7）。写真3－7の右端に写っているのが越屋根部分です。

写真 3-1　基礎断熱と床下換気口（右写真）

写真 3-2　2 階断熱材（内側通気層）

写真 3-3　越屋根の換気口

写真 3-4　1 階天井ふところの通気層

写真 3-5　間仕切り壁の通気層

写真 3-6　外側通気層

写真 3-7　屋根断熱材と屋根通気層

二重通気層の効果を生かすポイント

こういった仕組みの工法ですが、設計上の要点をおさえておくと、一層効果が高まりますので、いくつか挙げておきたいと思います。一つ目は、上下の壁の位置をできるだけそろえることです（写真3－8）。こうすることで通気層内の空気の流れが一層よくなります。二つ目は、外気の影響を受けやすい玄関部分に玄関室を設けることです（写真3－9）。玄関室が緩衝空間となって、通気層に包まれた内部への冷気や熱気の侵入を防いでくれます。三つ目は、できるだけ部屋を区切らずに、開放的あるいは開閉自在な空間として（写真3－10）、2階建ての場合は吹き抜けを設け（写真3－11）、2階上部に天井扇を取りつけることです（写真3－12）。こうすれば、家全体を同じような室温に保つことができます。四つ目は、2階部分に傾斜天井を設けることです（写真3－12）。これによって、通気層内の空気が上昇しやすくなります。五つ目は、浴室と洗面所の間に脱衣室を設けることです。浴室は通気層のシステム外なので寒暑の影響を受けやすくなりますが、日常的によく使う洗面所との間に脱衣室を設けておくと、洗面所の温湿度が安定して効果的です。

写真 3-8　上下階の壁位置をそろえる

写真 3-9　玄関室

写真 3-10　開閉自在な空間（1 間幅の廊下）

写真 3-11　吹き抜け

写真 3-12　2 階の傾斜天井と天井扇

さまざまな自然の素材を生かす

一年を通して快適に過ごすには、吸放湿性に優れた自然の素材を活用することもたいせつです。この家では、吉野杉をはじめとする自然の素材がふんだんに使われています。床や天井、真壁の柱など、外から見えるところには、節のない美しい吉野杉が使われていて、建築して間もないころは、赤ちゃんの肌のような淡いピンクの色あいです（写真3－13は、第2章で述べたチャッピー岡本さんの子ども用段ボール家具を置いているところです）。やがて、年月とともに、人が年齢を重ねるようにあめ色に変わってきて、その変化を楽しむことができます。台所の収納扉なども吉野杉にしてもらいました（写真3－14）。また、洗面所やトイレの壁面など、水を使うところでは、水気に強い吉野檜が使われています（写真3－15）。収納などの見えないところには節のある材料が使われていて、節のない部分だけでなく木材が丸ごと生かされています（写真3－16、3－17）。木材は手刻み加工です（写真3－18）。障子や板戸などの建具も吉野杉によるオリジナルな手づくり品です。障子紙には美濃和紙、襖紙には越前和紙や江戸からかみを使ってもらいました（写真3－19、3－20）。室内の壁は、珪藻土塗りです（写真3－17）。

写真 3-13　建築当初の木肌

写真 3-14　台所の収納扉

写真 3-15　洗面所の吉野檜

写真 3-16　1階北側の廊下と収納

写真 3-17　珪藻土塗り

写真 3-18　手刻み加工

写真 3-19　からかみ貼り

写真 3-20　吉野杉づくしの和室

実際に住んでみて――夏場

では、実際に住んでみてどうだったのかについて、暑さ寒さの点から記してみたいと思います。

はじめに述べたように、外張り断熱二重通気工法の家を建てようと思ったいちばんの理由は、夏場の暑さ、とりわけ就寝時の暑さに耐えかねて、冷房を使わずにここちよく眠りたいと思ったからでしたが、ありがたいことに、この願いは完全にかなえられました！

1階の和室で布団を敷いて寝ていて、一応エアコンも設置してあるのですが、夜間はもちろん昼間も、これまで一度も使ったことがありません。やせ我慢ではなく、ほんとうに不要です。熱帯夜が続くような時期でも、雨戸を閉めたままガラス戸を開けておけば十分快適に眠ることができます。床下のひんやりした空気で床面がたえず冷やされていて布団に熱がこもらないことも快適さの一因かと思いますし、わたしの経験では、ベッドよりも布団で寝る方が効果的だと思います。

実際の温湿度ですが、図3－2は、2015年のもっとも暑い時期であった8月7～8日（金～土）の1階の階段上り口と2階リビング、そして外気の温度と湿度を1時間ごと

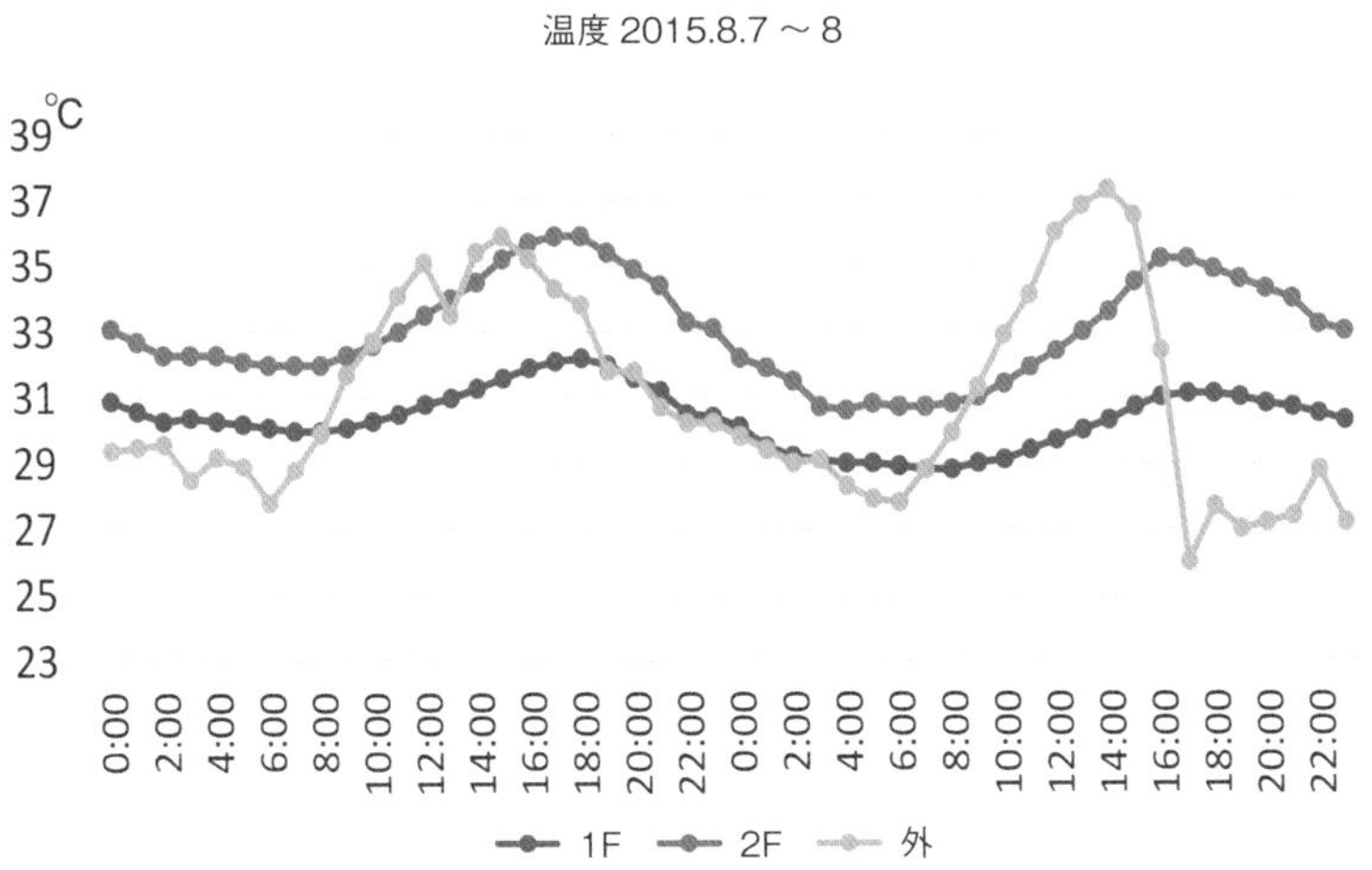

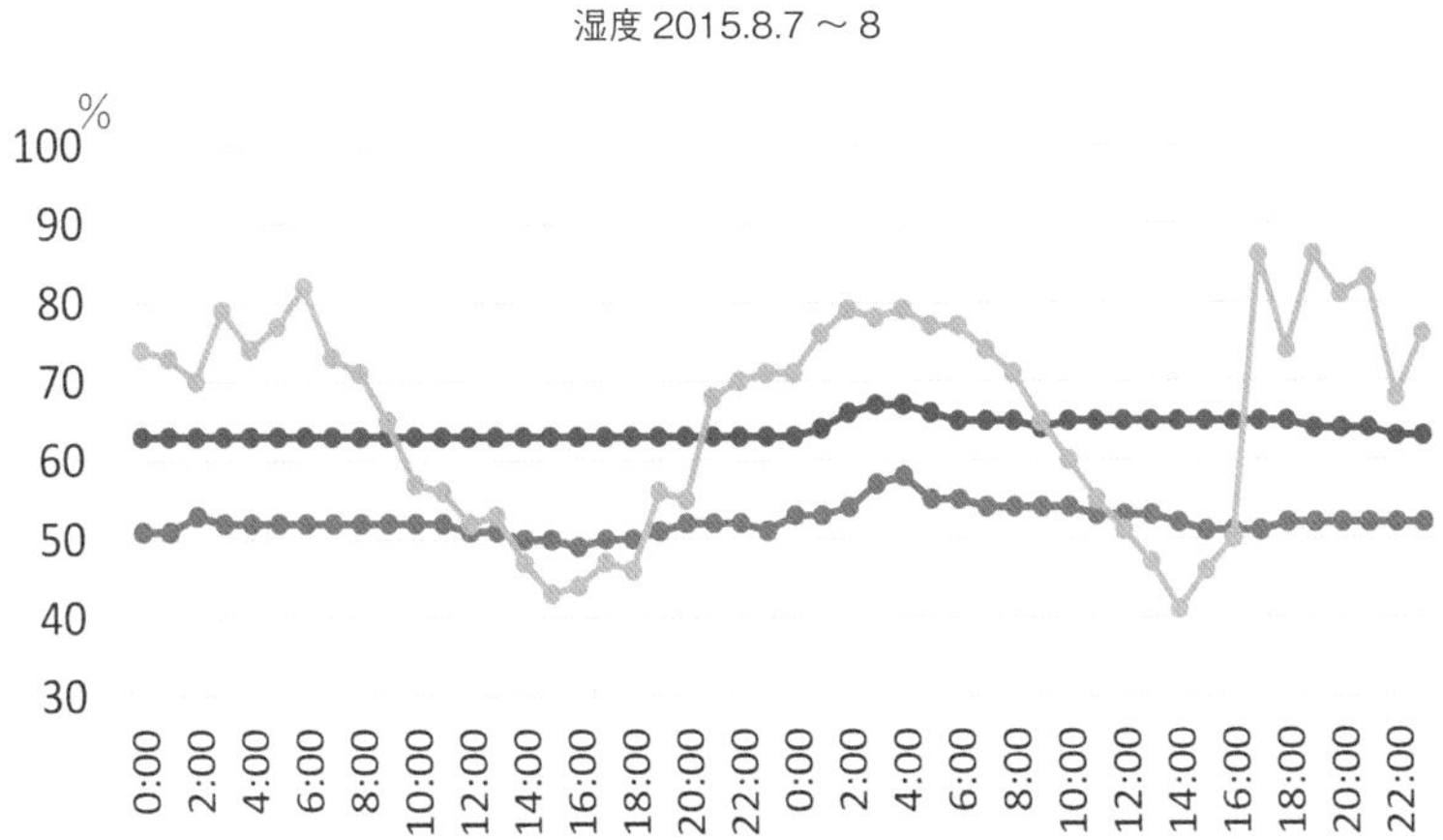

図 3-2　2015 年 8 月 7 ～ 8 日（上：温度、下：湿度）

に示したグラフです。外気は、過去のデータが把握できる大阪市のものを用いています。大阪市のデータでは、7日は、最低28・0度、最高36・4度、天気は雨のち晴れ、8日は、同じく25・1度、38・0度、晴れです。この2日間の1階の室温をみると、28〜32度台で推移していて、外気の影響を受けにくい状態であることがわかります。注目されるのは湿度です。63〜65％で安定していて蒸し暑さがないので、室温が30度程度であっても窓を閉めたまま冷房なしで過ごすことができます。通気層を流れる気流の効果が大きいと考えられます。

2階は1階よりも室温が高くなっていて、30〜35度台で推移しています。吹き抜け部分にアクリル板を置いているので、すき間は空けているとはいえ、吹き抜けの効果があまり得られていないためだと思います。夏場にはアクリル板を取り外して手すりを設けるとか、吹き抜けをより効果的な箇所に設けるなどを検討中です。

この工法では、壁体内をひんやりした空気がめぐっていて、外気温の影響が遅れてあらわれるので、夕方4時から7時ころにかけてもっとも室温が高くなっていますが、湿度がほぼ50％程度に保たれているのでからっとした暑さです。傾斜天井に取りつけた天井扇を回しておけば、風がそよそよと吹きつけてくれますし、やや冷たい空気が壁体内を上昇していて、床、壁、天井全体がややひんやりした感じになっているので、壁面などから室温

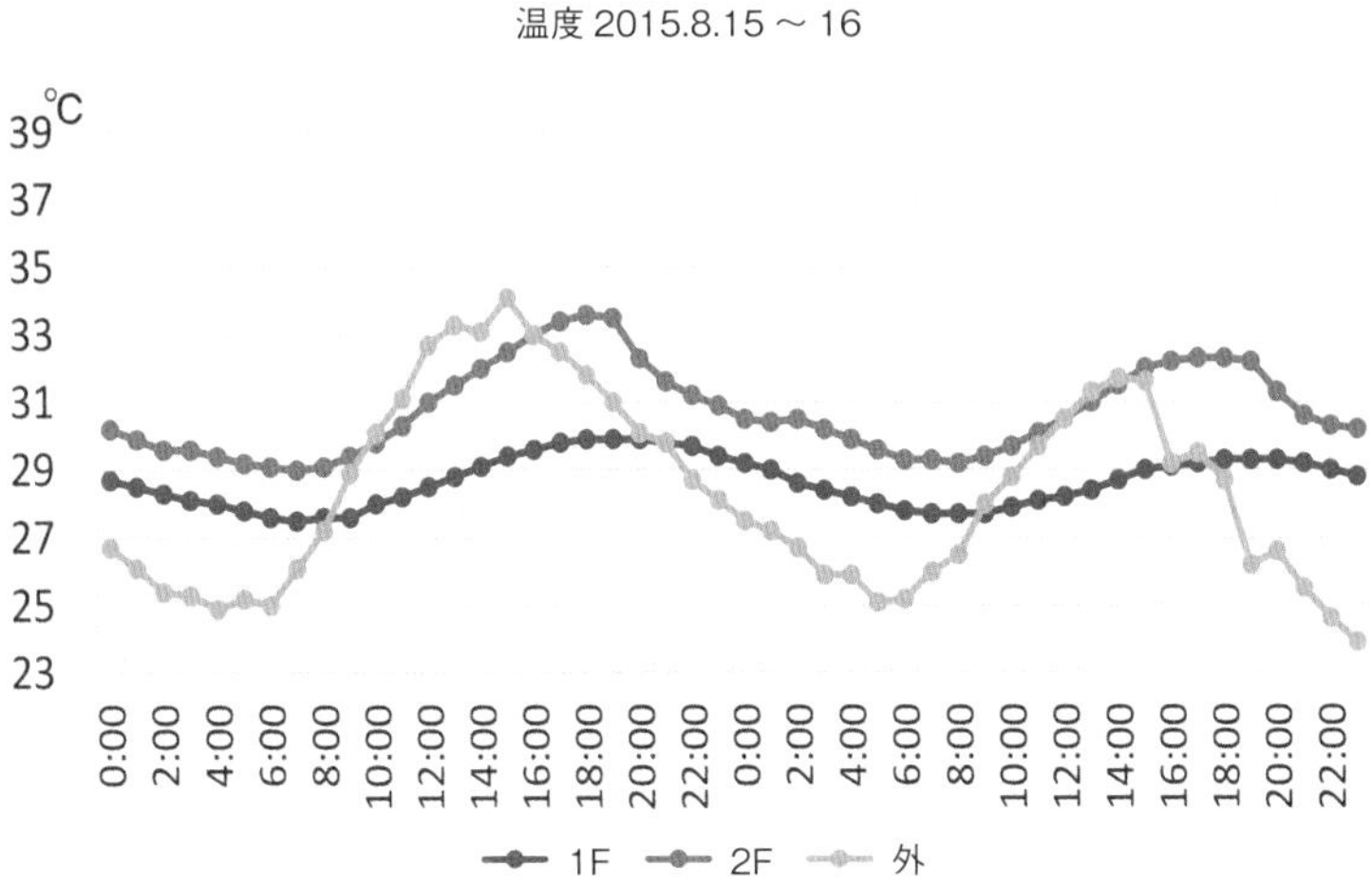

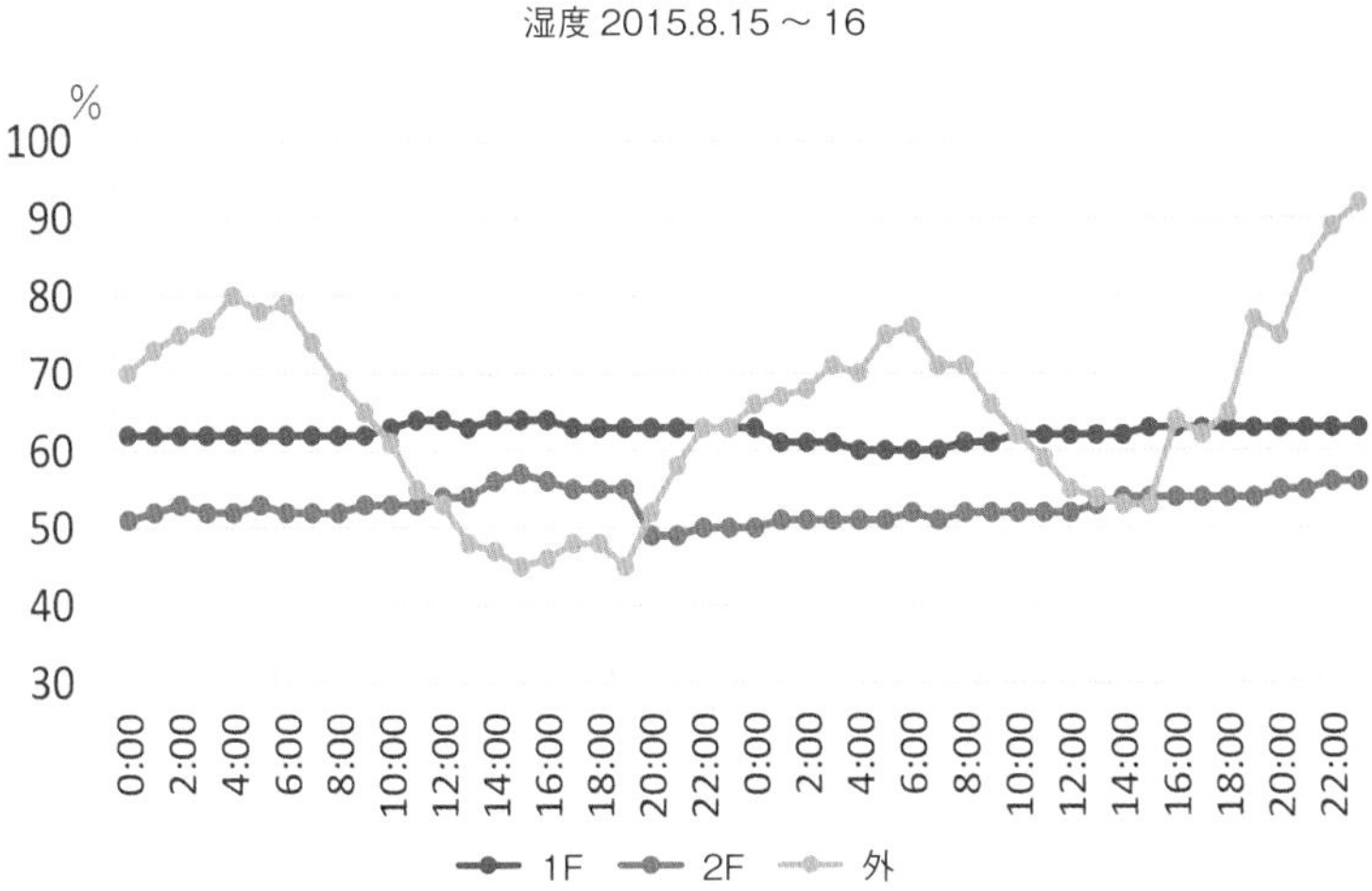

図3-3　2015年8月15～16日（上：温度、下：湿度）

以上の熱を受けることもありません。個人差はあると思いますが、私の経験では、33度台までは冷房なしで過ごせています。室温が高くなる夕方には外気温が下がってくるので、窓を開けて通風をうながせば室温が下がります。外気があまり下がらず、窓を開けると湿気が入ってきて、かえって不快になるような日には冷房を使いますが、冷房が必要なのは、猛暑日が続く時期の午後から夕方ころのみとなります。リビングの西壁の上部にエアコンを取りつけていますが、これ1台で、家中涼しく過ごせます。

なお、1階2階ともに湿度がほぼ一定に保たれているのには、この家で多用している木、土、紙などの自然素材の調湿効果も大きいと考えられます。

同様に、図3－3は、暑さが少し落ち着いた8月15～16日（土～日）の温湿度を示したグラフです。15日の外気は、最低24・7度、最高34・3度、晴れ、16日は、同じく23・7度、32・2度、曇りのち雨です。1階の室温は27～29度台で推移し、湿度は60～64％です。2階は29～33度台で推移し、湿度は50～56％です。

窓を閉めてできるだけ冷房を使わずに暮らしたいという願いは、おおむねかなえることができました。

実際に住んでみて――冬場

冬場は暖房が必要ですが、一日中というわけではなく、朝や夜中の寒い時間帯に暖房しておけば、日中は太陽の熱で過ごすことができます。ペレットストーブ（間伐材や製材時に出るおがくずなどのペレットで）を使いたいところですが、単身赴任中で管理ができないため使っていません。退職して自宅にもどったらストーブを設置しようと思っていますが、現在は、リビング上部のエアコン1台と、必要に応じて遠赤外線ヒーターを使っています。

実際の温湿度ですが、図3－4は、２０１６年のもっとも寒い時期であった1月24～25日（日～月）の1階と2階、外気の温度と湿度を1時間ごとに示したグラフです。外気は、夏場と同じく、過去のデータが把握できる大阪市のものを用いています。大阪市のデータでは、24日は、最低マイナス2・4度、最高3・2度、晴れ一時雨、25日は、同じくマイナス3・5度、6・3度、晴れです。この2日間の1階のデータをみると、温度は、8～10度台で推移し、湿度も38～45％となっていて、外気の影響を受けにくい状態であることがわかります。夜中や明け方に、ものすごく冷えるということもありませんし、床面や壁面も同じ温度なので、足もとが冷たくて困るということもありません。乾燥してカラカラ

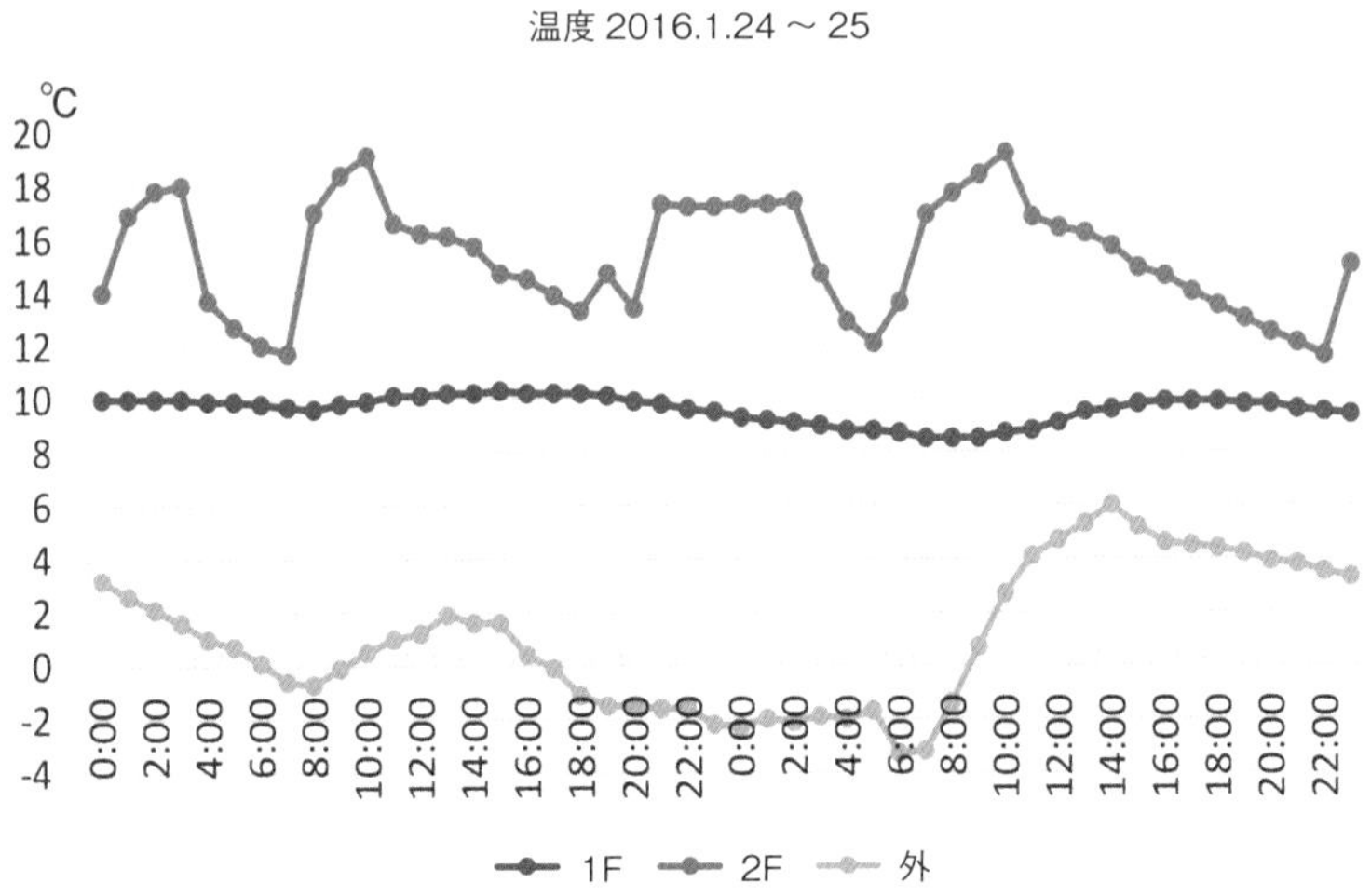

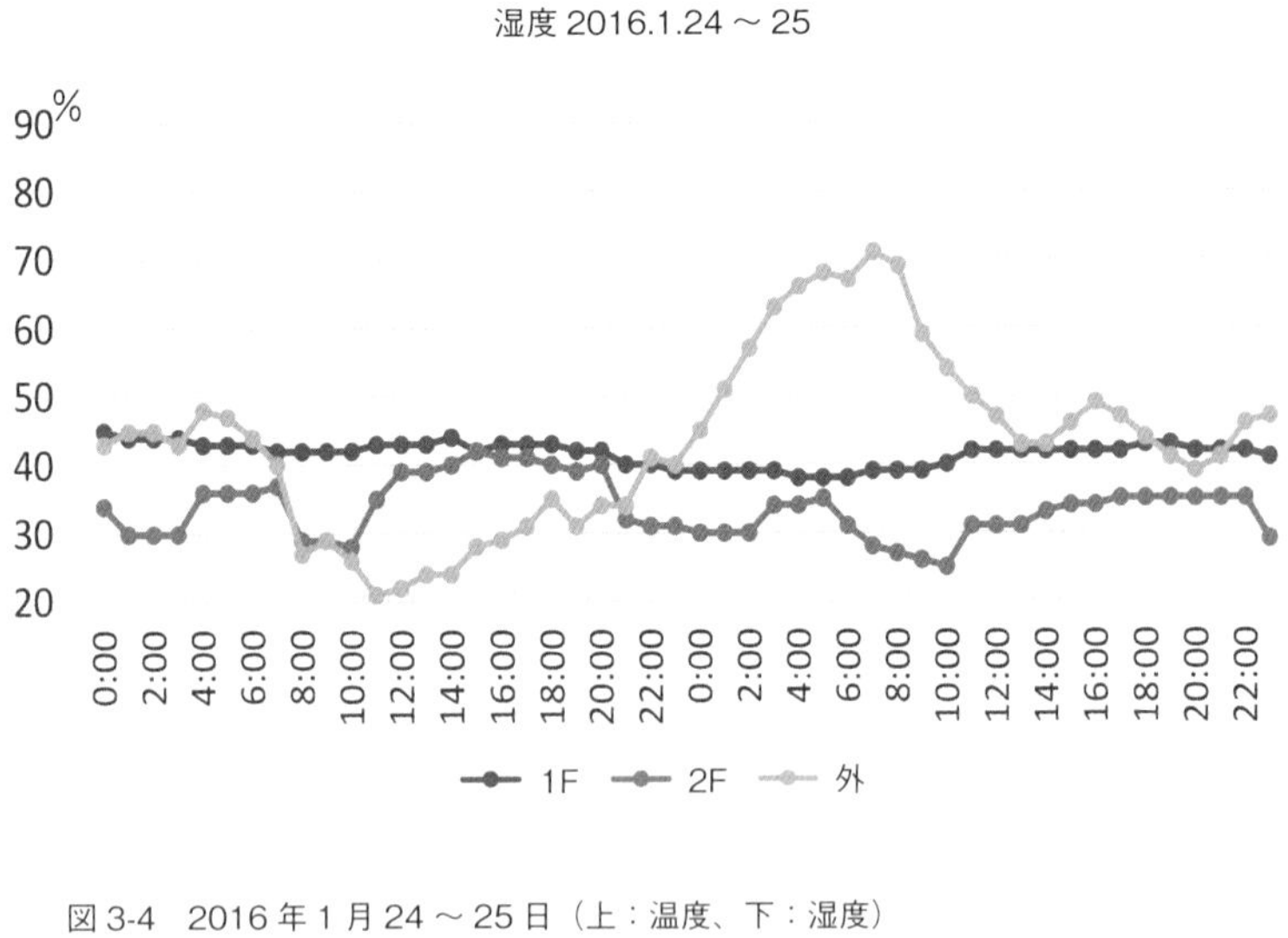

図 3-4　2016 年 1 月 24 ～ 25 日（上：温度、下：湿度）

という感じもありません。しかし、この時期に1階で寝るときはさすがに寒いので、小型の遠赤外線ヒーターを用いています。

2階ですが、日曜日以外は、仕事でほとんど外出していて雨戸が閉まったままの状態なので、窓から日射を採り入れることはできていませんが、1月24日は日曜日だったので、おそらく雨戸を開けて、朝や夜にエアコンを入れて過ごしていたのだと思います。この2日間の温度は、11〜19度台で推移していて、2階も外気の影響を受けにくい状態であることがわかります。湿度は25〜42%となっていて、エアコンを入れる朝方や夜に低くなっています。室温18度程度というと寒いように思われるかもしれませんが、床・壁・天井などの壁面もほぼ同じ温度なので、壁から熱を奪われることもなく、足もとが冷えるということもありませんし、リビングのまわりの洗面所や脱衣室なども同じ室温なので、室温差に困ることもありません。ぽかぽかの暖かさではありませんが、十分快適に過ごせます。

同様に、図3−5は、寒さが少し和らいでいる1月13〜14日（水〜木）の1階と2階、外気の温度と湿度を示したグラフです。大阪市のデータでは、13日は、最低2・5度、最高9・5度、晴れ時々雨、14日は、同じく2・3度、10・0度、晴れです。この2日間の1階のデータは、温度10〜11度台で推移し、湿度も45〜48%です。2階は、平日なので雨戸を閉めた状態ですが、温度10〜11度台で推移し、湿度は32〜41%です。

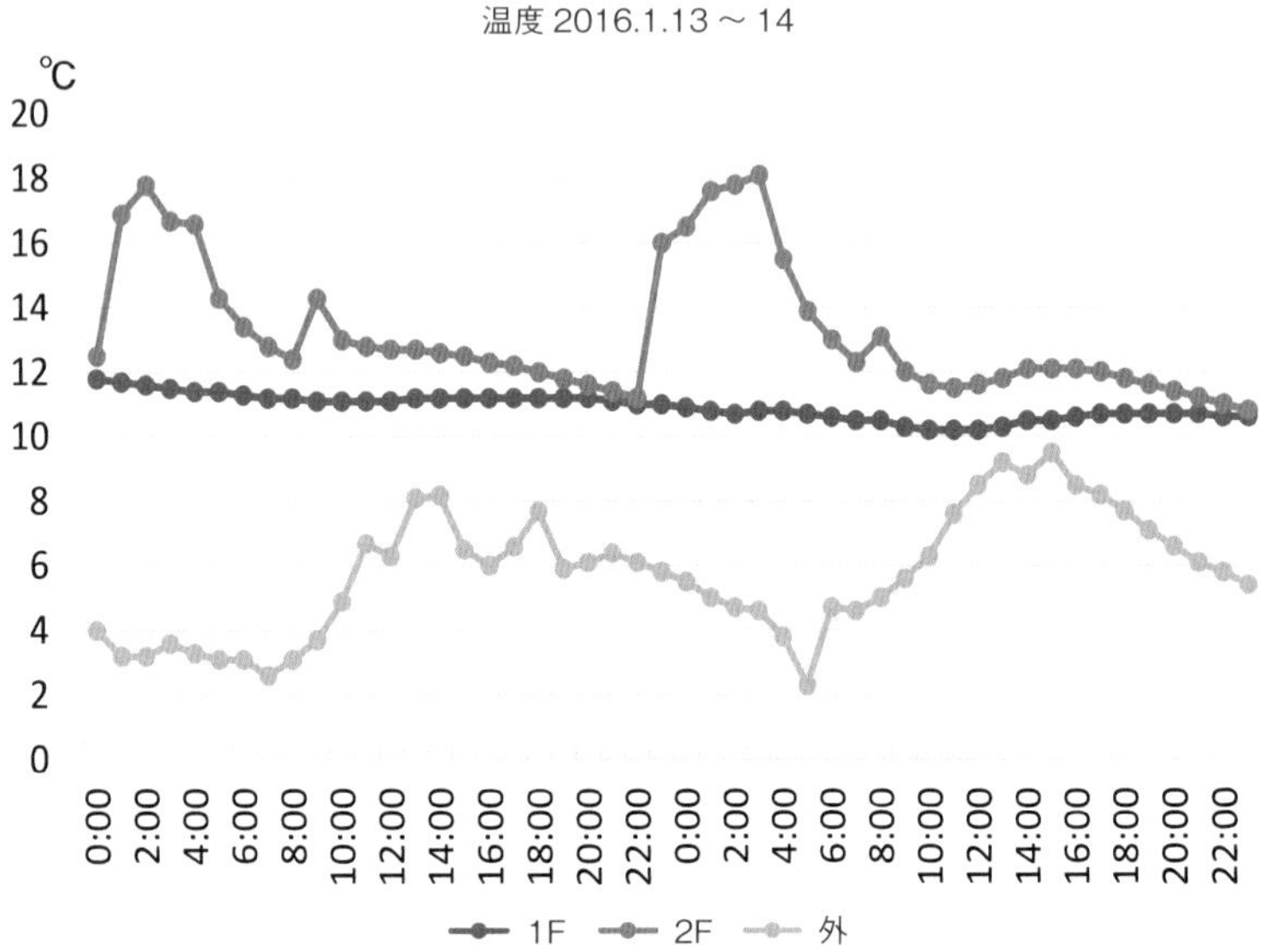

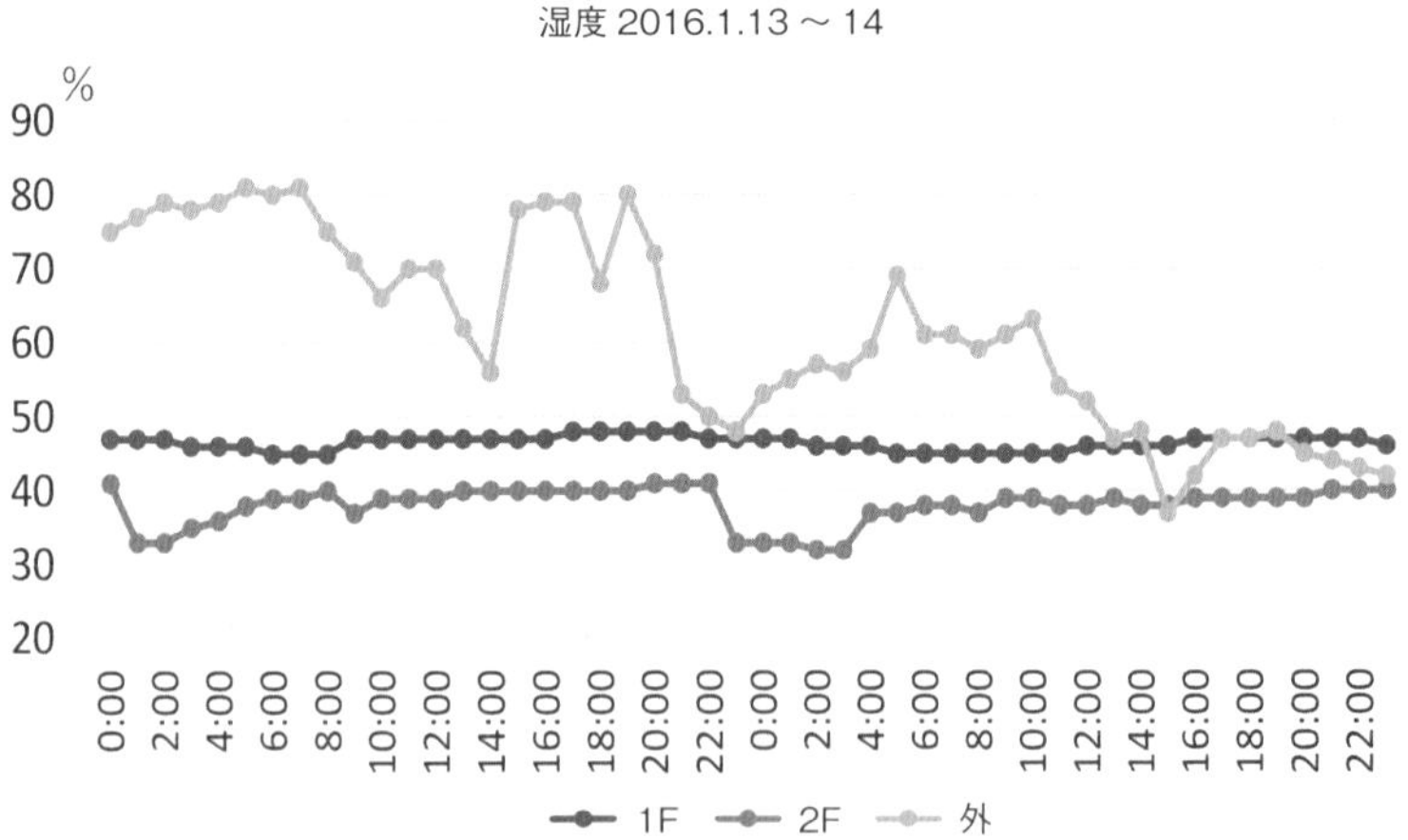

図 3-5　2016 年 1 月 13 ～ 14 日（上：温度、下：湿度）

このように最小限のエアコン使用で暮らせる家ですが、今後は、家電製品、照明や調理器具、給湯などで使う電気を含めて、できるだけ太陽光を活用した再生可能エネルギーでまかないたいと考えています。また、薄くて軽く、曇天でも発電できるというペロブスカイト太陽光電池が数年後には実用化されるかもしれませんので、こちらもぜひ導入したいと期待しています。

設計でこころがけたこと

自宅の設計では、先に述べた要点のほかにもいろいろな工夫をしました。

①シンプル明快な架構：構造面では、柱と梁を格子状に配置し、上下階の柱位置も完全に一致させたシンプル明快な架構としました。上下階の柱位置を一致させることによって、木に負担をかけず堅牢性を確保できます。また、この工法では2階部分に傾斜天井を設けると効果的なこともあって、1階に寝室などの居室部分、2階にリビング空間を設けましたが、こうすることで1階の壁量を増やして耐震性を高めました。

②自在に暮らせる間取り：格子状の架構は、一見すると硬直的なように思えますが、実

は、かえって柔軟性に富んでいるといえます。50年、100年と住み継ぐなかで、暮らしはさまざまに変化していきますが、シンプルな架構であれば、壁を取りはらったり加えたりといった改変も比較的容易で、自在な間取りにつながると思います。また、部屋の出入り口は、ドアではなく、襖、障子、板戸、ガラス戸などの引き戸を用いて、建具の開閉によって自在に暮らすことができるようにしました。

③東西南北の窓と高窓の活用：2階のリビング空間では、東西南北の各壁面に窓を設け、傾斜天井の上部にも高窓を設けて（写真3－12、97ページ）、冬場は東側や南側からの日射をたっぷり採り入れ、夏場は、南側の雨戸を閉めて日射をさえぎり、北側からの光と、午前中は西側、午後は東側の光で過ごせるようにしました。夏場の夕方に外気が下がってきて窓を開けたほうが効果的な時間帯には、すべての窓を開けて、東西南北と上下に風が通り抜けるようにしました。

④家族や家の気配を感じる：1階にいても2階にいても家族や家の気配を感じることができるような工夫もしてみました。1階広縁上部の吹き抜け部分にはアクリル板を置いて人が乗っても大丈夫なようにして、1階と2階が見とおせたり、声が聞こえたりできるようにしました（写真3－11、97ページ）。玄関室と広縁を仕切るガラス戸は、上部を透明ガラスとしていますので、玄関室からも吹き抜け部分のアクリル板を通して2階の傾斜天井

などを見ることができ、2階からも1階広縁や玄関室、玄関戸を見とおせます（写真3－9、97ページ）。2階にいても家族の外出を見送ることができますし、侵入防止などの防犯にも役立つと思います。

⑤廊下を部屋としても活用：半間幅の廊下は、廊下としてしか使えませんが、4分の3～1間あれば、廊下兼部屋としても使えるので、1階の南側には1間幅の広縁を設けました（写真3－10、97ページ）。冬場は、上部のアクリル板から1階に太陽光が差し込むので、ぽかぽか暖かくなるといった利点もあります。1階北側は、4分の1間幅の収納と4分の3間幅の廊下とし（写真3－16、99ページ）、本棚などいろいろなモノを置けるスペースを設けました。居室にはできるだけモノを置かず、必要に応じて「しつらえる」暮らしのためのたいせつなスペースとしています。

⑥楽々家事動線&バリアフリー：台所、洗濯場、物干し場を同じ階（2階）の近くにまとめ、家事を楽々おこなえるようにしました。食品など購入品等々を負担なく運べるように、家庭用のもっとも安価なエレベーターも設置しました。床面に段差のないバリアフリー仕様でもあります。

⑦公から私への明快な動線：住まいにはいろいろな家族外の人の訪問もありますが、そのときの用件や状況によって、外部に近いところから順に、玄関室、広縁、座敷、個室、

そして2階のリビングと、招き入れる場を使い分けることができるように、公から私への動線を明快にしました。

自然の素材を生かしたお刺身のような家を！

拙著にも記しましたが、持続可能な暮らしの実現にあたっては、昔の日本の暮らしを今日的なかたちで生かすことが重要であると考えます(1)。住まいについても同じです。自然豊かな日本では、自然を慈しみ敬い、ときに畏れながら、身近な素材をありがたくいただいて衣食住の暮らしに生かしてきました。食生活でいえば、お刺身がその典型ではないでしょうか。新鮮な魚を包丁という道具を使って料理人の匠の技で切り分けるだけで、最高のおいしさでありがたくいただくという味わい方です。

住まいでも、木、土、草、紙といった自然の素材を、その持ち味を生かして、ふさわしい道具と匠の技で統合して、できるだけ装飾を避け、家具などの要素を加えず、まるでお刺身のような家づくりをしてきました。柱や梁、敷居や鴨居、土などの塗り壁、襖や障子、板戸、畳等々、素材そのものの持ち味をたいせつに生かしてきました。これらをそこなわないように、暮らしに使う道具類は、そのときどきの場面に応じて出したりしまったりして「しつらえる」暮らしがありました。こういったことから、今回の家づくりでも、自然の素材を生かした「良材のお刺身のような家」にしたいと考えていたところ、この思いを実現してくれる業者さんをみつけることができ、木材の手刻み加工（写真3－18、99ページ）、珪藻土塗り（写真3－17、99ページ）、吉野杉と和紙による手づくり建具等々（写真3－19、99ページ）、自然が生み出した素材と、ふさわしい道具と、大工の棟梁をはじめとするさまざまな職人さんの匠の技によって、お刺身のような家づくりを実現することができました。

自然の命をいただいて生み出されたこの家を、自然の恵みとつくり手の技に感謝しながら、暮らしの知恵を生かしてたいせつに守りたいと思っています。そしていずれは、吉野杉等を愛する人に、末永く住み継いでいってもらえることを願っています。

（1）松原小夜子『持続可能な暮らし×自然系ゲストハウス――脱消費、スロー、ミニマル、ローカル』風媒社、2020

川上産吉野杉と建築業者さんとの出会い

家を建てるにあたってなによりも大事な建築業者さんの話をしたいと思います。この工法で家を建てようと決めて、おおよその設計案を作成した2005年、いよいよ建築業者さんを探すことになりました。元祖のエアサイクル産業さんは、外張り断熱二重通気工法はもちろん、国産材、無垢材、自然素材の利用という点でも魅力的なので、依頼したいところだったのですが、東京本社なので打ちあわせなどにもいろいろと不都合かと思い（当時はオンライン打ちあわせなどもなかったので）、近隣の業者さんで探すことにしました。

ネットで調べてみると、近隣で、自然な住まいづくりを重視し、この工法をあつかっているのは、京都と奈良の2社であることがわかりました。どちらもたいへん魅力的だったのですが、奈良県橿原市を拠点としている、もと材木商の井村木材産業さん（現「イムラ」さん）は、銘木吉野杉を構造体のみならず内装材や建具などにもふんだんに使う家づくりをしていることに惹かれました（残念ながらいまは外張り断熱二重通気工法をあつかっていません）[1]。地域の木材を使うことは、地産地消、森を守ることにつながりますし、地域の気候のなかで育った木は、家として建ってからも気候への適応力に優れているといわれています。また、珪藻土や和紙など自然素材の活用、木材の手刻み加工、手づくり建具なども魅力でした。しかも価格が手ごろ！　そこでさっそく、橿原市のショールームを訪ね、引き続き豊中市の展示場にも案内してもらって、吉野杉の美しい風合いと芳しい香り、建物内のさらっとした空気感等々を実体験しました。イムラさんなら「良材のお刺身のような家」づくりをかなえてくれるに違いないと確信して、即決しました。

そのあとも、いくつかの施工例を見せてもらったりしながら、設計案の詳細な打ちあわせや、内装や設備の打ちあわせを、ここちよい吉野杉の建物のなかでたびたびおこないました。こちらの設計案が二転三転するなどして、営業担当、設計技術者、インテリアコーディネーターなど関係する方がたには大きな労力をかけてしまいましたが、いつも真摯に向きあっていただけて、なんとか設計案をまとめることができました。施工がはじまってからも、いろいろな細かな点についても現場監督さんがいつも誠実に丁寧に対応してくださいました。管理のいきとどいたきれいな現場で、大工の棟梁をはじめとする職人さんたちも気さくに話に応じてくださり、そのこころ意気と技にふれることができたことも、たいへん貴重な体験となりました。ほんとうによかったなと思っています。２００６年に無事竣工できたのも、この方がたのおかげと感謝しています。

そして、完成後に現場監督さんが「これから一生のおつきあいです」と言われたことがとても印象に残っています。建物のメンテナンスをしっかりしていくことは、長寿命化にかかわるたいせつな要素ですが、この点についてもきちんとシステム化されていて、定期点検も万全、住んでいるうちに設備などになんらかの不具合が生じても、すぐに対応してもらえるので、たいへん安心です。

(1) 株式会社イムラ　https://imura-k.com (2023.9.15)

川上産吉野杉の特徴と魅力

吉野杉についても少し説明しておきたいと思います。吉野杉とは、日本三大人工美林の一つである奈良県吉野郡川上村、東吉野村、黒滝村の林業地帯で採れる杉のことで、1500年ころには、記録に残る日本最古の植林が川上村ではじまり、16世紀後半に広がり、18世紀後半にはめざましく発展したとのことです。[1][2] 明治期には、川上村の林業家土倉庄三郎が、吉野地方に伝承される植林の技術を追求し続け、全国へ伝え、さらに1898（明治31）年には森庄一郎ほかによる『吉野林業全書』も出版され、日本全国の林業家のバイブルとなりました。

その育て方の特徴は、文献2によれば、「密植・多間伐・長伐期」という吉野特有の方法だということです。苗を縦横1m間隔で植えることによって（密植）、じっくりと成長し、成長とともに枝葉どうしが触れあい下の方の枝葉には陽があたらず、木の上部にだけ枝葉がついた林になります。こうすることで、無節のよい木ができるのですが、太く立派な木に育てるために除伐と間伐をくりかえし（多間伐）、一般的な人工林伐採年齢の約2倍の80～100年に引き延ばし、その後は木の成長と地力をみながら間伐し、育てていきます（長伐期）。これによって、森林の下層植生や土壌構造が安定し、水土保全機能や生物多様性にも貢献するという利点もあるとのことです。

こうして育てられた吉野杉は、まっすぐで（通直）、幹の根元から上部までほぼ同じ太さの（元末同大）、まん丸に近い丸太の中心に芯が通り（真円）、節の少ない美しい木目（無節）と細やかな整った年輪（年輪幅均一）を持つ良材として育ちます。そして、これらによる強度と、さらには、淡紅色の美しい色目と色沢、香りも備えています。

こういった銘木をふんだんに使うとなると、普通は高価になってしまうのですが、驚くことに、この家の場合は、リーズナブルな坪単価で建築することができました。これは、建築業者のイムラさんが、もともと材木商であったつながりを生かして、川上村の林業団体である川上さぷりさん（川上産吉野材販売促進協同組合）と連携して、[3] 2000年に産地直送システムを生み出したからです。[4] これにより林業家と生活者を結ぶ販路が開け、吉野杉が安定供給され、住宅への利用が拡大しました。さらに2015年には、川上村と林業4団体からなる「吉野かわかみ社中」が、生産から加工、流通、販売にいたる一貫体制の安定供給支援を開始し、林業再生と森林環境保全につながる官民一体の事業システムが完成したとのことです。

（1）谷弥彌兵衛『近世吉野林業史』思文閣出版、2008
（2）吉野かわかみ社中「川上村と吉野林業」https://yoshinoringyo.jp/kawakamimura-yoshino（2023.9.15）
（3）川上さぷり https://yoshinoringyo.jp/suppli（2023.9.15）
（4）株式会社イムラ「関西でしか建てられない理由」https://imura-k.com/yoshinosugi/（2023.9.15）

地域材利用で森を守る、森は命の源

地域材を活用することは、森（天然の「森」と人工の「林」、それらが広がる「森林」を含めた意味で使っています）を守り、地域の人を含むあらゆる命を守ることにつながると思います。

森は、二酸化炭素を吸収し、酸素を排出してくれます。近年の研究では、これまで想定されてきた量の2・5倍もの二酸化炭素吸収能力があることがわかったとのことです[1]。微生物など多様な生き物を育み、栄養豊富な水を地中に蓄え、川となって水を供給し、田畑を潤し、海や川の生き物を豊かに育ててくれます。森は、人間を含め、生き物たちの命の源です。多量の雨が降ったときに土砂崩れなどを防いでくれるのも木の根の保水力のおかげです。また、森は、降った雨を吸収して育つだけでなく、地中から吸いあげた水分と有機化合物の粒子を上空へ放出し、雨粒をつくり、雨を降らせる存在でもあります。森の上空には空を流れる川があるのです[2]。

森の木々が大きく成長していくにあたっては、キノコとその本体である菌糸が重要な役割を果たしていることもわかってきました[3][4]。地下では、菌糸が木の根とつながって網の目のように張りめぐらされ、木と木、木と菌糸の間で養分や情報を与えあって共生しています。キノコは枯れた木を分解できる物質を有しており、木を分解して土にもどし、それがまた栄養分となって新たな木を育てます。地上に顔を出すキノコからは胞子が放出され、この粒子が上空にまいあがって雨粒を生む核となって雲をつくり、雨を降らせるとのことです。こうして森は、木やキノコやさまざまな生き物がつながる一つの生命体として機能しているのです。

日本は、国土の67%が森である森林国ですが、安価な輸入材におされて国産木材の利用が低迷しつづけ、木材自給率は、2002年には18・8%にまで落ち込みました。しかし近年、国の政策やウッドショックの影響もあって、自給率は急激に上昇して、2020年には41・8%まで上昇しました。この上昇が、間伐などの管理をした上での建築用材の増加であればよいのですが、実際にはバイオマス発電などの燃料用の増加であり、間伐ではなく皆伐が増えているということです(5)。数ヘクタールにおよぶ森を根こそぎ切ってしまう「皆伐」では、森のネットワークは損なわれてしまい、土壌の弱体化が進みます。近年頻発する豪雨によって引き起こされる土砂崩れなどの被害は、皆伐したまま放置された山や、適切に間伐されずに荒れてしまった森が原因となっているといわれています(6)。

森は、牛を育てる牧草地などを生み出すために伐採されることも多く、ブラジルのアマゾンでは、年間25億本の木が切られ、一日に2700haの熱帯雨森が消失していますが、この8割が牧草地や飼料畑となって、人々の肉食を支えています。こうした森林伐採の代償として、都市部では雨が減り、干ばつも起きており、人類はいま、致命的な誤りを犯していると研究者は警告しています(2)。

森は地球の心臓のような役割を果たしています。命の源です。天然の森をたいせつに守りつつ、適切に管理された地域の良林をありがたく活用させていただきたいものです。

あなたも、二重通気層に包まれる暮らし、そして地域材に包まれる暮らし、はじめてみませんか？

（1）NHKBSプレミアム「ヒューマニエンス“CO2”見えざる生命の創造者」2023.5.22.
（2）NHKBS1「BS世界のドキュメンタリー　デイ・ゼロ地球から水がなくなる日」2021.11.1.
（3）NHKEテレ「サイエンスゼロ　地球を陰で支配する⁉キノコの知られざる世界」2022.9.3.
（4）NHKBSプレミアム「グリーンプラネット　国際共同④激変の世界」2022.11.3.
（5）Yahoo! JAPAN ニュース　田中淳夫「木材自給率爆上がり！その理由は途上国的木材需要にあり？」2021.10.19. https://news.yahoo.co.jp/expert/articles/0d8e48123a7a56e1fa61b3aa0a8eea272af153a2（2023.9.15）
（6）NHK総合「クローズアップ現代　宝の山をどう生かす 森林大国・日本 飛躍のカギは」2021.9.15.

第4章
シンプル&ミニマルな暮らし

着るもの――ファッション性よりも機能性

まず、衣生活について少し触れておきたいと思います。着るものは、ファッション性よりも機能性を重視しています。暑さや寒さなどを調節してくれて、まるで着ていないかのように着心地がよい服を選んでいるので、同じような気候が続く間は、ほとんど同じ服を、しかもなん年も着ています。あとの項で述べますが、衣服は、機能性よりも記号性（イメージ、新しさ、流行など）に左右される記号消費の典型ですが、消費社会のしくみを知ってしまったわたしは、流行には無関心です。

どんな服を着ているかですが、基本的には、春～初秋では、パンツ、スパッツ（ズボン下）、靴下、ハイネックプルオーバーあるいはTシャツ、季節に応じた上着（ブラウザー）、季節に応じた下着などです。秋～冬用も同じで、これらが季節のものに変わり、上着がカーディガンになります。プルオーバーやTシャツなどが劣化してくると家のなか用とか、就寝用に使います。冬場には、寒さに応じたコートも加わります。これらのほかに、仕事上で必要な場合には、ジャケットやスーツも着ます。いずれも、流行とは無縁な定番スタイルのものばかりですし、劣化して物理的にダメになるまで着るので、10年はもちろん、

20年、30年着ているものもたくさんあります。最後はリサイクルに出します。

　また、寒暖をしのぐには、下着と、その上に着るプルオーバーなどがたいせつだと思っています。まず下着ですが、夏場は、シルクのフレンチスリーブやタンクトップが吸放湿性に富んでいて快適です。冬場は、もっぱらダマールの下着を着ています。ダマールは、フランスで生み出された下着で、軽くて暖かくてとても着心地がよく、特に、日本ダマールの製品はすばらしいものでした。しかし残念ながら、ヒートテックが開発された影響からか、2009年に日本から撤退してしまったので、日本ダマールの製品はもう製造されていませんが、当時買い置きしていた下着をいまでもたいせつに着ています。ダマールは、2014年に日本に再進出してフランス製を購入できるので、いくつか利用していますが、少し品質が違っているようです。やはり以前のものが最高でした。暖かな下着をしっかり着て、暖房は控えめにして暮らすことはとてもたいせつだと思っていますので、日本ダマールの製品が復活してほしいと願うわたしです。

　プルオーバーやTシャツですが、こちらも夏場は、シルク製が快適です。冬場は、ダマールのハイネックプルオーバーを着ています。軽くて暖かくてたいへん着心地がいいので35年くらい愛用しています。こちらはフランス製でも日本ダマール製でも同じです。ただし、化学繊維のダマールは、残念ながら洗濯するごとにマイクロプラスチックが出てしまう心配がありますので、できるだけ洗濯を控えるようにしています。

ダマールだけでなく、他の衣類なども、そんなに汚れていない部分も含めて、全体をじゃぶじゃぶ頻繁に洗う必要はないように思うので、たとえば靴下であれば、足先だけは毎日洗うとか、プルオーバーの首部分に汗がついたようであれば、首部分だけを洗うなどして、下着以外はできるだけ週1回にしています。

また、衣服ではありませんが、髪の毛のカラーリングは体にも環境にもよくないと思うので、白髪染めなどはせず、自然のままにまかせています。

衣服と環境問題

衣服は環境問題とも深くかかわっていますが、以下では、NHKの「Ethical Every Day」の内容を紹介してみたいと思います[1]。ファッション産業の二酸化炭素排出量は多く、石油産業に次ぐ第2位で、衣服1着をつくるのに25・5kg（ペットボトル255本分）も排出され、水も2300ℓ（浴槽11杯分）使われます。ジーンズ1本では、7500ℓ（一人の人が7年間に飲む水と同じ）にもなるとのことです。

また、反物を無駄なく使いきる和服とは違って、洋服をつくるときには端切れが出ますが、これが年間4万5000トン（1億8000万着分）になります。日本では、年間78万7000トンの衣服が手放されており、そのうちリユース・リサイクルされるものは34％で、残りは焼却や埋め立て処分されていますが、もう1年着れば、40万トンの廃棄削減につながるとのことです。また、綿花栽培では、多量の農薬と水が使われており、品種改良や遺伝子組み換えによって生物多様性に影響する可能性もあります。

こういったなか、岡山県倉敷市のジーンズメーカーでは、昔ながらの無農薬栽培による原種に近いコートジボワール綿花を用い、加工時に使った水も炭の力で浄化し再利用することで、8割の水を削減しています。また、1年で伐採され廃棄されるバナナの木（年間10億トンともいわれている）から繊維を取り出し、コートジボワール綿花と混ぜてバナナデニムを生み出したとのことです。こういった自然な衣服つくりが、もっと広がっていってほしいものです。

バングラデシュをはじめとしてアジア各国で製造されているファストファッションをめぐっても、化学薬品流出による水質汚染や人体への被害、綿花栽培での農薬被害などの環境問題に加えて、低賃金や長時間労働、劣悪な労働環境などの労働問題や人権問題も深刻です。こういった現状は、バングラデシュの首都ダッカで起きた縫製工場の崩落事故をきっかけに作られた映画『ザ・トゥルー・コスト』によって広く知られるようになりましたが(2)、世界のファストファッション業界では、サステナブルファッションへの切り替えを進めようとしているようですので、今後の展開に期待したいと思います。

(1) NHKBS1「Ethical Every Day 地球にやさしいジーンズ」2022.10.16.
(2) アンドリュー・モーガン監督『ザ・トゥルー・コスト ファストファッション 真の代償』ユナイテッドピープル、2015(DVD)

ふだん使っているモノ一覧

衣服以外でも、できるだけシンプル&ミニマルに暮らしているつもりですが、どれくらいのモノを使っているのだろうかと思いリストアップしてみたところ、190品目にもなって驚きました(表4-1)。おそらく少ないほうだとは思いますし、これで十分快適に暮らせていますが、それでも多くのモノに依拠する暮らしであることをあらためて実感しました。100品目くらいが理想なのですが、こうして一覧してみると、減らすのはなかなかむずかしそうです。

順にみていくと、まず電化製品は12品目です。玄米用炊飯器、青汁を絞るジューサー、

ＴＶと録画用ＨＤＤ、食事の支度などをしながら録画番組の音を身近で聞くことができるコードレススピーカー、冬場の就寝前に布団を温めておく乾燥機など、いずれも必需品です。電子レンジと掃除機は使いません。食べ物の温めはタジン鍋でできますし、掃除は箒とちりとりなどで十分できます。

衣生活については先に述べたとおりです。食生活についても第1章で述べたとおりで、調理器具などはいたってシンプルです。住生活も、机1台と椅子1脚あれば、食事から書き物までなんでもできます。第2章で述べたように、各種の段ボールも活用しています。寝具は、季節に応じてなん種類か必要になりますし、衛生関連、身体・健康関連、化粧品、文房具などは、通常必要なものばかりだと思います。外出時の移動は、自転車か公共交通を使い、車が必要な場合はタクシーを利用します。変形性股関節症を患っているので、杖も使っています。もちろんこのほかに本や書類はたくさんありますが、それは仕事用なので記載していません。

ところで、日本の家庭では、いったいどれくらいのモノを保有しているのかをとらえた研究が1975年におこなわれています[1]。この研究によると、一家族平均800品目だということです。趣味の品や季節行事の品なども含めての数なので多くなることはわかりますが、それにしてもすごい数だなあと思います。高度成長期が終わって低成長期に入った

衛生関連ー洗濯用品
洗剤
シルク等用洗剤
洗濯袋
ハンガー
洗濯ピン
ゴム手袋
身体・健康関連
腕時計
メガネ
マスク
体温計
綿棒
耳かき
孫の手
耳栓
貼るカイロ
目薬
鎮痛解熱剤
抗生剤軟膏
消化薬
ばんそうこう
ティッシュペーパー
化粧品等
化粧水
乳液
クリーム
下地クリーム
ファンデーション
頬紅
アイシャドー
眉墨
口紅
リップクリーム
育毛剤
小型三面鏡
爪切り
文房具等
鉛筆
シャープペンシル
赤青鉛筆
鉛筆けずり
水性サインペン

油性サインペン
消しゴム
３色ボールペン
書見台
電卓
定規
メジャー
カッター
はさみ
ホチキス
付箋
メモ用紙（文書裏再利用）
クリップ
セロテープ
ルーズリーフ
ファイル
ガムテープ
梱包用ひも
ビニール袋(包装材再利用)
外出関連
帽子
靴
トートバッグ
財布
ペットボトル
うがい用紙コップ
ハンドタオル
ハンカチ
杖
傘
レインコート
電動自転車
自転車用手袋

表 4-1　使っているモノ一覧

電化製品	やかん	ほうき
洗濯機	まな板	ちりとり
冷蔵庫	包丁	ぞうきん
炊飯器	果物ナイフ	自治体指定ゴミ袋
ジューサー	泡立て器	段ボールシート
TV	ざる	**住関連―寝具**
録画用 HDD	**食関連―台所用品**	ガーゼケット
コードレススピーカー	しゃもじ	起毛ケット
エアコン	計量スプーン	肌ふとん
遠赤外線ヒーター	計量カップ	真綿肌ふとん
ふとん乾燥機	はかり	薄手掛けふとん
ドライヤー	浄水器	羽毛布団
LED スタンド	台所用はさみ	シーツ
情報機器	鍋敷き	敷ふとん
PC	水差し（ピッチャー）	毛布
外付けモニター	炭	枕
USB メモリ	ラップ（包装材再利用）	枕用タオル
スマートフォン	レンジ用ふた	**衛生関連―洗面等用品**
WiFi ルーター	食品鮮度保持袋	洗面器
衣関連	洗い桶	コップ
靴下	水切りネット	歯ブラシ
パンツ	瓶洗い	歯間ブラシ
スパッツ	へちまスポンジ	舌ブラシ
ハイネックプルオーバー	シュロたわし	歯磨き粉
半そで T シャツ	台所用スポンジ	石鹸
ブラウザー	ふきん	クレンジング
カーディガン	台所用タオル	洗顔料
コート	**食関連―食器**	手桶
半袖下着	お椀	ボディタオル
長袖下着	コップ	タオル
カップ付きタンクトップ	箸	シャワーキャップ
ショーツ	スプーン	スカルプブラシ
スカーフ	ゴムベラ	シャンプー
ジャケット	**住関連―家具等**	リンス
スーツ	机	頭髪用タオル
ゆったりパンツ	椅子	足ふき用タオル
はんてん	小型たんす	風呂洗い
パジャマのズボン	ざぶとん	風呂湯保温シート
ひざ掛け	懐中電灯	**衛生関連―トイレ用品**
室内履き（スリッパ等）	温湿度計	トイレットペーパー
ソーイングセット	延長コード	タオル
食関連―調理器具	衣類かけ	スリッパ
タジン鍋	カーテン	トイレ用ブラシ

ころの数字なので、現在ではもっと増えていると予想されます。家族平均なので、表4－1のような一人暮らしに比べるとモノの数は増えるとは思いますが、日常生活に使う基本的な品目は、そんなに変わらないのではないでしょうか。

また、交通機関について考えてみると、かつての日本は、全国に鉄道網が張りめぐらされ、各地に路面電車が走る鉄道大国でしたが、自動車交通のさまたげになるということで次々に廃止されていきました。[2]東京都営の路面電車も廃止されていったのですが、荒川線だけは残り、いまでも活用されています。[3]沿線住民の強い要望があったことや、専用軌道なので自動車交通をさまたげないことが幸いして、廃止にいたらずにすみました。EV車の導入が急がれていますが、同時に、路面電車の復活や、都市中心部に車を入れないパーク＆ライド方式を取り入れるといったようなビジョンも必要だと思います。

（1）商品科学研究所『生活財生態学――現代家庭のモノとひと』リブロポート、1980
（2）NHKEテレ「ズームバック×オチアイ　SDGs特集」2021.11.30.
（3）NHKBSプレミアム「新日本風土記　都電荒川線」2022.6.7.

お風呂も少ないお湯で快適に

エネルギー白書2023によれば、2021年度の家庭のエネルギー使用量のうち、給湯によるものが28・7%を占めているとのことです[1]。このうちお風呂での利用がどれくらいなのかはわかりませんが、湯船になみなみとお湯をためて、その日に浸かっただけで流してしまうのは、水もエネルギーもまことにもったいないと思います。もちろん、家族がなん人かいて順番に湯船に浸かるとか、残り湯を洗濯に使うのであれば、たっぷりのお湯をためてもあまり無駄にはならないと思いますが、わたしの場合は、アパートでは一人暮らしですし、洗濯機置き場と湯船が離れていて残り湯を利用しにくく、利用できたとしても、洗濯は週に1回なのでほとんどのお湯が無駄になってしまいます。

そこで、できるだけ少ないお湯で、しかも快適に入浴できるように、ちょっと変わった入り方をすることにしました。まずは、真冬以外は前日のお湯を使って髪や体を洗い、シャワーできれいに洗い流します。前日の入浴後に保温シートをかぶせておくので、夏場はひんやり気持よく使えますし、冬場でも湯の上部には少し温かさも残っているので、シャワーでおぎなえば大丈夫です。このときにどれくらいのお湯を使っているかを量ってみたら、約40ℓでした（夏場はもっと少なく20ℓくらい）。

そして、少なくなった前日のお湯を湯船をきれいにしながら排水したあと、湯船に入って、熱めのシャワーを腰や肩にかけながら（これが気持ちいいです）、底から15㎝くらいまでお湯を張ります（約80ℓ）。夏場は途中で水を加えてぬるいお湯にするなど季節によって湯温は調節しています。一人暮らし用湯船での平均使用量は200ℓということなので、80ℓはかなり少ないようです。そして、体を横にして、湯船のへりに頭をあてて頭を少し高くしながら寝た姿勢で浸かります。足を伸ばせず膝を折る状態になって、膝の前後はお湯から出てしまいますが、ほかの部分はしっかりと浸かっているので冬場でも寒いとは感じません。もし寒い場合は、お風呂用の保温シートをかければまったく大丈夫です。この状態であれば、高齢者には危ない湯船での溺死の心配もありません。ということで、およそ100～120ℓで入浴していることになります。そして、季節にかかわらず最後に冷水をさっとかぶります。こうすると、夏場は気持ちいいですし、冬場は肌が引きしまって、浴後も湯冷めすることなく温かく過ごせるように思います。

残ったお湯は、洗顔や手洗い、雑巾洗いなどに使います。また、先に述べたような衣類の部分洗いや、色落ちするもの、シルクやウールものなどを手洗いするときにも使います。

（1）資源エネルギー庁『令和4年度エネルギーに関する年次報告（エネルギー白書2023）』2023

とことん使いきる、ゴミという概念をなくす

ふだんの暮らしのなかで、ほんとうにたくさんのモノのお世話になっていますが、これらをゴミとして処分するのはとてももったいないですし、すべての資源に感謝しながら、できるだけゴミとせず、とことん使いきるようにこころがけています。

衣類は、先に述べたように、物理的に着られる間はとことん着ます。

食べ物については、第1章で述べたように、生ゴミはほとんど出さずに食べきります。袋入りのきな粉やすりゴマなど、使いきったあとの袋に付着しているものもゴムベラでぬぐって食べきります。

水についても、これまで述べてきたように、食器洗いや洗濯、入浴時などに、できるだけ少ない量ですませるようにしています。水といっしょに流れていくもの、たとえば、食器についた食べ物などはゴムベラできれいにぬぐって食べますし、マイクロプラスチック

の流出が心配な台所用スポンジの使用も必要最小限にしています。台所用洗剤は使いません。シャンプーやリンス、洗剤、石鹸、歯磨き粉などは、合成成分を含まない自然由来のものを使って、できるだけ水を汚さないようにこころがけています。

紙類については、メモ用などに使えるものは再利用して、使ったあとはリサイクルに出します。毎週宅配してもらっている自然食品の段ボール箱やカタログなどもリサイクルに出します。また、郵便ポストには「チラシ不要」と書いた紙を貼って、無用なチラシが入らないようにしています。

使いきるという点では、歯磨き粉や化粧品、薬品など、チューブに入っているものは、出にくくなってきたらチューブを半分に切って、歯ブラシや綿棒などでぬぐうようにして最後まで使いきり、チューブ以外の容器に入っているものも最後まで使いきります。

ペットボトル飲料は購入しませんが、以前に仕事でもらったものを、外出時用の水入れとしてずっと再利用しています。水しか飲まないので汚れもつきませんし、水あかなどがついたとしても瓶洗い用のブラシを使えばすっきりきれいにできます。

これも第1章で述べましたが、自然食品の宅配では、プラスチック製の袋や梱包材が使われているので、こればかりは資源ゴミとして出すしかないのが悩ましいところですが、袋などは買い物時に再利用したり、雨の日に折りたたみ傘やレインコートを入れる袋にしたり、自転車のサドルに巻いて汚れよけとしたりなど、できるだけ利用するようにしています。

江戸の暮らしに学ぶ——完全循環型社会

シンプル&ミニマルな暮らしについて述べてきましたが、考えてみると、昔の日本には、いまのわたしたちにはおよびもつかないような、自然の資源を見事に使いこなす暮らしがありました。ここからは、代表的な書物を取りあげて、昔の日本の暮らしについて少し振り返ってみたいと思います。いずれもたいへんすばらしい書物ですので、ぜひ原本をお読みいただければと思います。

まず、江戸時代の暮らしを詳しく論じてくれているのが、石川英輔氏の『大江戸リサイクル事情』です。(1) 少し長くなりますが、以下で要点を紹介してみます。

江戸時代の日本の社会は、ひとことでいえば、太陽エネルギーだけで廻っていた完全な循環型社会、持続可能な社会でした。衣食住に必要な製品の大部分が植物でできており、銅や鉄などの金属製品や陶磁器も、炭や薪などの植物燃料を用いてつくられるなど、あらゆる面で、植物と共存し、依存し、見事にすべてを循環させる「植物国家」でした。植物からつくられた暮らしの物資は、燃やしても食べても捨てても、二酸化炭素と水にもどり、再び植物の原料となるというように、太陽エネルギーを原動力として、すべてが土と大気と植物の間を絶えず循環するという自然の「大きなリサイクル」が生活の基本となっていました。そして、大きなリサイクルを利用してつくり出した品物も、回収して再生するなどして使い抜くという「小さなリサイクル」も徹底していました。江戸時代は、この大小のリサイクルが見事にかみあっていたので、なにも増えず減らず、産業廃棄物はもちろん、大気や水の汚染もほとんど発生しませんでした。

「大きなリサイクル」については、10の章で具体的な内容が記されていますが、ここでは、そのうちの6つを紹介してみます。

①江戸時代の造林、森林保護：江戸時代には、それぞれの地域が、森林や田畑や川や海を生態系として一体のものと考えて、良質の薪や炭や材木を供給できるように、根気よく、じっくりと腰をすえて、立木密度や伐採の時期などを工夫するといった持続可能な管理の方法が確立されました。

②完全な循環材料「竹」の活用：竹は非常に成長が早く、数カ月の太陽エネルギーで一人前の高さになり、2〜4年もすれば日用品などの材料に適い、それでいて、強靭で、湿

気に強く、伸縮しにくく、しかも中空で軽いという珍しい性質もあるため、その用途はたいへん広く、膨大な需要がありました。

③稲藁の100％大活用：稲を脱穀したあとに残る藁（稲の茎と葉）も非常に重要な資源でした。おおよそ20％を衣食住の日用品に、50％を堆肥に、残り30％を燃料などに使い、燃やしたあとの藁灰もカリ肥料にするなど、100％利用し、いずれはすべて大地にもどしました。

④繊維と着物の徹底利用：絹織物は、非常に高価な貴重品であり、膨大な量の古着が流通していました。一方、庶民が用いた木綿は、綿を育て、花を摘み、木綿糸にして、織機で布に織っていました。大人用の着物は、一反の布から、はんぱがまったく生じないよう切り出して仕立て、できあがった着物は、着つけの仕方だけで調節して着ることができ、仕立てなおしも簡単、着られないほど古くなれば、さまざまな用途に転用し、最後にはおむつや雑巾にしてすり切れるまで使うのが普通でした。

⑤貴重な肥料「下肥」：下肥、つまり人間の排泄物は、もっとも重要な肥料でした。農作物の生産者は肥料の消費者で、農作物の消費者は肥料の生産者であるという見事な循環ができあがっていました。下肥問屋や小売商まで出現するなど、廃棄物どころか貴重な商品だったのです。

⑥天然の化学薬品「灰」：植物でできているものは燃やせば植物性の灰になるし、食事用の燃料が生み出す灰だけでも膨大な量であり、この灰を、〈灰買い〉という専門の商人が買い集め、それを灰問屋が集めて需要家に売ったりしました。灰は、天然の化学薬品として驚くほど広い使い道がありました。

「小さなリサイクル」についても、やがては使えなくなったモノも捨ててしまうのではなく、いかにうまく再利用するかに知恵を絞り、驚くほど洗練されたリサイクルの方法を確立していました。「大きなリサイクル」と「小さなリサイクル」がかみあった代表例が「紙」です。伝統的な和紙は、毎年芽吹いて育つ1年生の楮の枝を切り取り精製して紙に漉き、不要になった紙も、古紙回収業者などによって集められ、古紙と紙屑に仕分けして漉き返す業者に卸されました。伝統的な和紙は、10㎜以上もの長い植物繊維でできていて、添加物もないので、容易に漉き返すことができたのです。

このように江戸では、リサイクル業が立派に産業の一部となっていて、リサイクル業者は、職商人（品物の修理とともに、販売・回収もする。提灯張り替え、算盤修理、印肉の詰替など）、修理・再生専門業者（鍋や釜などの鋳かけ、瀬戸物の焼き接ぎ、包丁などの刃物研ぎなど）、回収専門業者（紙屑買い、紙屑拾い、古着屋、肥汲み、灰買いなど）の三つに分けることができました。江戸は行商人のまちでしたが、これらのリサイクル業者も、町中を巡回する行商が主であり、住民は家で待っているだけで不用品を買ったり修理してもらったりすることができたのです。

そして最後に石川氏は、植物国家のリサイクル社会は、むしろ人類向きではないかと、以下のような言葉でしめくくっています。「完全なリサイクル社会だった江戸時代を真剣に振り返らなくてはならない日がそれほど遠くなさそうなことも、そろそろ覚悟しておいた方がよいだろう。」「肉体的にはけっして安楽とはいえないリサイクル社会の方が、本当は心身ともにはるかに日本人……というより動物としての人類向きだったことに気づいて、案外ほっとするかもしれない。本当のリサイクル社会は、江戸時代のように人間が自分の肉体を主な動力源とすることまでを含めて完結するのではなかろうか。」

（1）石川英輔『大江戸リサイクル事情』講談社、1994

昭和の暮らしに学ぶ——万事無駄にせず、最後までたいせつに使いきる

先に述べたようなモノをたいせつにする循環型の暮らしは、いまからほんの70年ほど前、

高度成長期前の1955（昭和30）年ころまでは、まだ存在していました。こういった昭和の暮らしについて図解や写真も示しながらわかりやすく説いてくれているのが、市橋芳則氏の『昭和に学ぶエコ生活――日本らしさにヒントを探る』[1]、小泉和子氏の『昭和なくらし方――電気に頼らない、買わない・捨てない、始末のよい暮らし』[2]です。以下で要点を述べておきたいと思います。

市橋氏の書物のねらいとしては、化石燃料が使い果たされるのは遠い未来のことではなく、これからの世代が直面するひっぱくした課題となっており、昨今では、環境に配慮した生活をしようという意識が強まっているが、昭和に暮らした年配者に聞くと、「二度使いどころか三度使う」「端っこまで使い切る」「身近にあるものを資源化する」「くらしとは工夫そのものだった」「もったいないがしみついていた」など、とにもかくにも、なににせよ無駄にしないという姿勢が強く感じられるので、その時代を振り返りなにかを学んでみたい、と記されています。

同じく、小泉氏の書物では、環境破壊などの問題とともに、わたしたちの生活技術の劣化に言及しています。重化学工業によって生み出された暮らしが環境破壊を生み出したことや、近代文明に頼りすぎる暮らしの危うさを記した上で、このままでは自然破壊と生活技術の劣化は加速するばかりであり、暮らしを見なおす必要があるのではないか、現代の暮らしでは人間も育たず、手の力を奪い、物をつくる力を奪い、感じる力、考える力、生きる手応え、生きるよろこびを奪ってしまっている。これらをなんとかして取りもどさねばならないが、それにはまず生活技術を取りもどすことが必要なのではないか、と述べています。

具体的な内容ですが、わたしたちが生きていく上で必要なものは、酸素を含む空気、そして水と食料と燃料であるといえますが、市橋氏も「水」をたいせつにしてきた暮らしを紹介しています。安全で安定した水源を確保できることはたいへん重要な生活の要であり、井戸、そして井戸水は、人びとの命のよりどころとして、崇められるほどたいせつにあつかわれていました。汲みあげた水は、水瓶に貯えられ、必要に応じて、木製の桶や洗面器などに移してたいせつに使われ、風呂や洗濯などに使われたあと、打ち水や庭木の水として、再び地に還りました。

小泉氏も、明治生まれのお母さんが見事に水を節約して暮らしていた様子を記していま す。風呂に入っても洗面器一杯のお湯で身体全体をすっかり洗い、髪を洗うにもシャワーは使わず、風呂の残り湯は洗濯に使い、たらいによる洗濯でも2~3回のすすぎで水がきれいになり、すすいだ水でズックや下駄を洗い、最後に敷石をたわしでこすりながら洗って使いきり、米のとぎ汁は、庭の植木の根元に撒いたり、雑巾がけに使ったりしていました。

現代では、多くのエネルギーをかけて浄化した飲料水（浄化用の各種薬品の製造や水の搬送などで、浄水1㎥あたり0・4Kwh）を、あらゆる用途におしげもなく使う暮らしが多いようですが、貴重な資源としての水の利用法について再考してみることもたいせつだと思います。

水や燃料だけではなく、衣食住のあらゆる面においてもモノを最後までたいせつに使いきる暮らしが紹介されています。まず、衣生活面の着物の管理については、洗い張りや仕立てなおし、修繕などが紹介され、布地が着物として使えなくなったら小物や雑巾へ、最後には燃やして灰として利用されたこと、灰はさまざまに利用され、特に、灰汁の漂白力や洗浄力の高さ、火鉢の灰の効果などが示されています。衣類などの洗濯についても、洗浄剤として、灰汁、米ぬか、ムクロジの実、サイカチの実などの植物素材を使い、たらいと洗濯板で洗っていました。

食生活の面については、食べ物のさまざまな保存方法、使いきる方法などが示されています。住まいの管理の面では、日本間の掃除の仕方として、まずは「はたきがけ」でほこりを払い、床に落ちたほこりを箒で掃きだし、最後に雑巾がけで仕あげます。年末などにおこなう大掃除では、建具をはずして洗い、畳をあげ、畳の裏を陽に干し、天井のすす払いをしたあと、建具や畳などをもとにもどし、雑巾がけなどで仕あげました。障子紙の張り替えもおこない、古い障子紙はかまどの燃料にしました。

これらのほかに、江戸期の「小さなリサイクル」の項で挙げたようなさまざまな修理についても記されています。鍋や釜などの「鋳かけ」、瀬戸物の「焼き接ぎ」、桶やタライの「たが修理」、下駄の歯の交換、包丁などの「刃物研ぎ」、のこぎりの「目立て」、衣服の修理である「かけつぎ」「かけはぎ」、布団の打ちなおしなどがありました。

江戸や昭和の暮らしの知恵を学び、今日的なかたちで大いに生かしたいものです。

（1）市橋芳則『昭和に学ぶエコ生活——日本らしさにヒントを探る』河出書房新社、2008

（2）小泉和子『昭和なくらし方——電気に頼らない、買わない・捨てない、始末のよい暮らし』河出書房新社、2016

大衆消費社会から高度消費社会へ

自然と共存しながらあらゆるモノをたいせつに使いこなしてきたこういった暮らしは、高度成長期以降の急激な消費社会化のもとで、資源とモノを浪費する現代のような暮らしに大きく変わりました。現代の暮らしの特質をとらえる上で、「消費社会化」は欠かせないキーワードだといえます。こういったことから、消費社会に関する各種の理論をもとに消費社会のなかでの暮らしについて考察し、それらを拙著に記してきましたので、以下の項では、主な参考文献も示しながら、その要点を紹介してみたいと思います。[1][2]

モノの大量生産が本格化したのは、20世紀初頭のアメリカでした。その典型例が、フォード社による自動車生産です。製造するモノを標準化・企画化した上で、モノの製造過程をできるだけ細分化し個々の作業を単純化する分業システムと組立ラインの導入によって、車（T型フォード）が大量に生産され、1台あたりの価格も働き手が購入できるまでに下がります。これによって、上流階級の奢侈品であった車は、「大衆の日常の乗り物」へと変貌し、自動車の「消費者」が生み出されたのです。分業による生産システムは、他企業、他産業へと広がり、大量に生産されたモノを大衆がこぞって消費する「大衆消費社会」が生み出されました。[3]

大量消費が浸透する以前には、多くの人びとは、自然と深くかかわりながら自給自足的な暮らしを営んでいましたが、産業化の急速な進展のなかで、産業界は、移民や田舎で暮らす人びとを、大量生産されるモノの「消費者」としてとらえ、人びとが有していた伝統的な自然観や、自然を生かしたモノづくりの技、家族や地域社会との絆などを消し去り、自然と決別し、人と人との絆を断ちきり、モノを購入して消費する以外に方法がない暮らしへと誘導していきました。こうして、さまざまなモノが、ビラやポスターによる宣伝、カタログ販売、百貨店（都市部）などを介して浸透していきました。[4]

しかし、先に述べたT型フォードの販売はやがて行き詰まりをみせます。性能に優れ、丈夫で長持ちする車では、買い替え需要はなかなか生まれなかったからです。こういったなか、フォード社とは対照的に、デザインと広告とクレジットを柱とする「消費者の感情と動機と欲望」に敏感な新たな戦略を採用したのがGM社でした。GM社は、さまざまな車種を用意し、それぞれについて「モデルチェンジ」をおこなう方式を採用し、車を、その寿命に依拠しない、イメージによる年次性の消費財へと転換したのでした。[5] 消費社会における大変革であったといえるでしょう。

このモデルチェンジの背景には、「消費者工学」という考え方がありました。[6] それは、「デザイン」あるいはデザインによって生み出される「スタイル」がもたらす商品イメージが「新しいビジネス手段」であるという考え方です。当時の工業デザインの大物たちは、デザイナーの役割は、とりわけ消費者に所有欲を起こさせることであり、商品の外観が消費者を所有の欲望で染める鍵となるなどと論じており、モノのデザインによって人びとのモノへの所有欲をかき立てようとしていたことがわかります。また、スタイルを、モノそのものよりも早くすたれさせ、耐久消費財をあたかも耐久性がないかのようにデザインしなおして売るといった主張からは、モデルチェンジによって、次々に新しいモノを生み出しては消費をうながす戦略が読みとれます。

こうして、モノの物的機能性を重視し、多くの人が同じようなモノを買い求める「大衆消費社会」から、モノの差異性とイメージを重視して、それぞれの好みや経済力に応じて次々と買い求め買い替える「高度消費社会」へと移っていきました。

アメリカにならい、欧米諸国以外でいち早く高度な消費社会を実現した国が日本でした。まず、明治後期から昭和初期にかけて消費社会の萌芽があらわれ、第二次大戦後の1950年代以降、60年代の高度成長期にかけて、都市化や核家族化の進行とともに、これまで家庭にはなかった洗濯機、冷蔵庫、テレビ、自動車などの日常のモノを、多くの人がこぞって買い求める大衆消費社会が生み出され、やがて1970年ころには、家電製品など日常に必要なモノはおおむね普及するにいたります。1973年と79年のオイルショックは日本の経済にも打撃でしたが、省エネルギー技術の駆使によって危機を乗り越えることができました。また、新たなコンピュータ技術の発展は、同じようなモノではなく、ほかとはちょっと違う、あるいは目新しいスタイルのモノを次々に生み出す「多品種少量生産」を可能とし、情報化の進展は、いち早く消費者の動向や好みをつかみ、新たなモノのイメージを消費者に伝えることも可能としました[7]。

くわえて、消費の単位が、家族から個人へと変化し、家電製品などが、一家に1台から一部屋に1台へと増加するともに、晩婚化と単身世帯の増加は、個人ごとのモノの所有をうながし、消費の個人化によって、モノは、それを持つ人あるいは使う人の趣味趣向や教養といった文化的側面をあらわす存在として、一層重要性を増しました。これらがあいまって、モノのイメージによる差異化が人びとの欲望を生み出す高度な消費社会へと転換し、1980年代には、日本経済はかつてない活況を呈するにいたります。

こういった経済成長と物質的豊かさの追求、そして、デザインと広告・宣伝を重視し、モノの差異化によって欲望を喚起し消費をうながし続ける方式は、日本のみならず、地球規模に押し広げられていきます。これは、手作りのモノを使い、自給自足的な暮らしをしてきた人びとを工業製品等の「消費者」と変え、モノの消費を世界規模に広げていこうとする戦略であるということができます。こうして、消費社会化は、アジア、中東、南アメリカ、東欧諸国等へと拡大を続け、最後のフロンティアがアフリカ諸国であるといわれています。

こういった消費社会化について、ダグラス・ラミス氏は、『経済成長がなければ私たちは豊かになれないのだろうか』のなかで、「経済発展」は、主義主張にかかわらず、広く共有されてきた20世紀の「イデオロギー」であるととらえることができるが、一般には、客観的な事実あるいは必然性というふうに考えられており、それくらいに成功した、覇権を握っていた思想であること、「経済発展」イデオロギーは、1949年のトルーマン大統領就任演説にはじまり、やがてアメリカの国策、さらには国連の政策にもなったこと、西洋の経済制度に入っていない地球上の自然、文化、社会、経済、人の生き方、働き方などあらゆることを、投資すれば利益が返ってくるような経済制度に抜本的につくりなおすという人類史に先例がないほどの大規模な「経済発展」政策が生み出されたことなど、貴重な指摘をしています。(8)

(1) 松原小夜子『住まいとステータス――住宅近代化の日本的逆説』海青社、2001
(2) 松原小夜子『持続可能な暮らし×自然系ゲストハウス――脱消費、スロー、ミニマル、ローカル』風媒社、2020
(3) 常松洋『大衆消費社会の登場』山川出版社、1997
(4) スチュアート・ユーウェン／エリザベス・ユーウェン『欲望と消費――トレンドはいかに形づくられるか』小沢瑞穂訳、晶文社、1988(原著1982)
(5) 見田宗介『現代社会の理論――情報化・消費化社会の現在と未来』岩波新書、1996
(6) スチュアート・ユーウェン『浪費の政治学――商品としてのスタイル』平野秀秋／中江桂子訳、晶文社、1990(原著1988)
(7) 佐伯啓思『「欲望」と資本主義――終わりなき拡張の論理』講談社現代新書、1993
(8) ダグラス・ラミス『経済成長がなければ私たちは豊かになれないのだろうか』平凡社、2000

消費社会とモノの記号性

次々とモノを消費させる高度消費社会ですが、その鍵を握るのは、モノの記号性あるいは記号価値という概念です。まずは、モノの記号性に関する主な理論を紹介しておきたいと思います。

消費社会の特質を先駆的に論じたのは、アメリカの経済学者ソースタイン・ヴェブレンでした。ヴェブレンは『有閑階級の理論』において、有閑階級のおこなう消費は自らの富や地位を証すため、あるいは誇示するための「誇示的消費」であることを示しました。[1]ヴェブレンの考えを受け継ぎ、ソシュール言語学や構造主義理論も取り込んで、モノの記号性という視点から消費社会を包括的に論じたのがジャン・ボードリヤールです。ボードリヤールは『記号の経済学批判』の冒頭において、「物を欲求の観点からみる素朴な見方や使用価値優先の仮説をのりこえておかねばならない」と述べ、モノの消費とは物的価値を求める効用——欲求の関係ではなく、記号価値を求める意味——欲望の関係であると指摘し、記号の論理とは差異の論理であり、差異とは、階層や地位の上下を表示する「地位表示的な差異」であるとしています。[2]同じく『消費社会の神話と構造』においても、「人びとはけっしてモノ自体を消費することはない。理想的な準拠としてとらえられた自己の集団への所属を示すために、あるいはより高い地位の集団をめざして自己の集団から抜け出すために、人びとは自分を他者と区別する記号としてモノを常に操作している」と述べています。(3) モノは、社会のなかでの、その人の立ち位置をあらわす社会的存在なのです。また、ピエール・ブルデューは、『ディスタンクシオン――社会的判断力批判』において、モノは、それを持つあるいは使う人の趣味趣向や教養といった文化的側面をも物語る文化的存在でもあり、有力な「文化資本」であると論じています。(4)

このように、日常使っているさまざまなモノは、実用性を有していると同時に、実用性とは無関係なイメージや意味あいを持っており、この性質が「記号性」で、記号性によって生み出される価値が記号価値です。物的価値は、必要性に基づく「欲求」を生み出しますが、記号価値は、他の存在との差異性を求める「欲望」を喚起するといえます。高度な消費社会とは、「物的欲求」よりも「記号的欲望」に力点が移った社会であり、産業発展による巨大な生産力にみあう需要が「記号的欲望」によって際限なく生み出され、消費される社会であるといえるでしょう。

(1) ソースタイン・ヴェブレン『有閑階級の理論』高哲男訳、ちくま学芸文庫、1998(原著1889)

（2）ジャン・ボードリヤール『記号の経済学批判』今村仁司／宇波彰／桜井哲夫訳、法政大学出版局、1982（原著1972）
（3）ジャン・ボードリヤール『消費社会の神話と構造』今村仁司／塚原史訳、紀伊國屋書店、1979（原著1970）
（4）ピエール・ブルデュー『ディスタンクシオン――社会的判断力批判』石井洋二郎訳、藤原書店、1990（原著1979）

消費社会の限界と問題点

こういった高度な消費社会は、物質的な豊かさを生み出す一方で、さまざまな限界と問題点を抱えていることも指摘されています。以下では、主な内容を簡単に紹介したいと思います。

水野和夫氏は、『資本主義の終焉と歴史の危機』において、高度消費社会の欲望をかき立てる方法も、すでに限界に達していること、今日では、製品1個あたり利潤率は極端に下がり、市場の拡大も、新興国が経済成長しているなかで難しい状況にあるなど、モノを生み出し消費してもらい利益をあげるという資本主義の方式は、500年に一度の大転換の時期にあると指摘しています[1]。

見田宗介氏は、前掲書『現代社会の理論――情報化・消費化社会の現在と未来』（150ページ）において、こういった情報化・消費化社会は、それが必然的に生成する「限界」問題を内包しており、第一は、自然との臨界面に生成する「環境」「公害」「資源」「エネルギー問題」、第二は、外部社会との臨界面において生成する「南北」問題であること、そして、大量生産・大量消費という図式は、一つの「無限幻想」であり、消費の始点と末端において外部地域を巻き込んでいると述べています。また、「経済発展」すれば、貧しい国が豊かな国に追いつき、やがて世界中が豊かになるという大前提があったが、半世紀以上経ってもそうはなっておらず、貧富の差は存在したままで、むしろ、上位と下位の所得格差は拡大しており、戦後の歴史のなかで、経済成長がもっとも長く続いた「繁栄の80年代」は、同時に、格差が広がった時期でもあったと指摘しています。

アラン・ダーニング氏は、『どれだけ消費すれば満足なのか――消費社会と地球の未来』で、以下のような極めて重要な指摘をしています。(2) 1950年代以降の史上まれなる巨大消費の時代は、消費階層の幸福度を少しも高めなかったこと、また、1974年の世界各国の調査では、裕福な国と、きわめて貧しい国との間にみられる幸福度の差はほとんどないこと、幸福度を定める主要因は、家庭生活、仕事、能力を伸ばすことにつながる余暇、友だちとのつきあいなどであり、消費あるいは物質的豊かさではないこと、などです。そして、人びとに必ずしも幸福をもたらさない消費社会は、地球環境へも大きな負荷を与え、「地球の温暖化から種の絶滅にいたる地球の病に、わたしたち消費者はきわめて重大な責任を負って」おり、人口の安定化が急速に進行し、クリーンで効率の高い技術が進展したとしても、「人間が望むものが物質から非物質にシフトしない限り、人間の欲望は生命圏を蹂躙することになろう。なん十億という人類を支える地球の能力は、消費しなければ充足できないという考えを、わたしたちが捨てられるかどうかにかかっている」と述べています。

上記のほかに、前掲の佐伯啓思氏やダグラス・ラミス氏の著書、三浦展氏の『第四の消費――つながりを生み出す社会へ』などを踏まえながら[3]、ここでは、消費社会の問題点を5つに分けて整理しておきたいと思います。

第1は、人の孤立化、孤独化です。産業社会の進展による「自給自足」の暮らしから「モノを消費する暮らし」への移行によって、人びとは、地域の共同体から切り離され、助けあいや協力といった人と人とのつながりも薄れ、個人化がすすみ、孤立化がうながされることとなりました。

第2は、地域の自然の荒廃と文化の喪失です。地域の自然環境と共存して営まれてきた自給自足の暮らしが失われるということは、人と人、人と自然とのつながりが薄れ、地域の自然が荒廃し、人と自然とのかかわりによって育まれてきた文化も失われていくことを意味します。

第3は、人のこころの疲弊です。消費社会の進行によって、モノの価値の力点が有用性から記号性へと移行し、記号的性質を強めることによって、人の価値が、その人の持っているモノによって量られるようになり、人びとは、次々に生み出される新たなモノを消費する競争に狂奔することになります。

第4は、世界規模での格差を生むことです。資本主義はつねに「周辺」を必要とするシステムであり、すべての国と人びとを豊かにできるわけではなく、資源提供国とモノの生産国、豊かな国と貧しい国という国単位の格差や、一国のなかでの豊かな層と貧しい層の格差というように、世界規模で階層の再編と二極分化が起こります。

第5は、地球環境の破壊です。次々に新しいモノに買い替えるという消費行動によって、モノは無限につくり出され消費され、経済の成長が保障されるように思われますが、実際には、これは無限幻想であって、大量生産の前には必ず資源の大量採取があり、大量消費のあとには大量廃棄があって、地球規模の環境破壊を生んでいます。

（1）水野和夫『資本主義の終焉と歴史の危機』集英社新書、2014

（2）アラン・ダーニング『どれだけ消費すれば満足なのか——消費社会と地球の未来』山藤泰訳、ダイヤモンド社、1996（原著1992）
（3）三浦展『第四の消費——つながりを生み出す社会へ』朝日新書、2012

消費社会のゆくえ

このように、消費社会は、さまざまな限界や問題点をかかえていますが、これらを乗り越えようとする新たな流れも生まれてきています。以下では、前掲の6文献に間々田孝夫氏の『第三の消費文化論——モダンでもポストモダンでもなく』[1]を加えた7文献をもとに、共通する指摘を列記し、整理してみたいと思います。

①過剰な物質消費は、人びとに幸福をもたらさないと認識されるようになる。

「人間の幸福にとって過剰な物質消費が無意味なことに気づき、別な形で幸福を追求しようとする考え方・生き方が「脱物質主義」であり、人びとがそういった方向へ関心をシフトしている」（間々田氏）、「経済成長は、本当の意味での豊かさ、快楽、幸福、幸せの量とは関係がない」（ラミス氏）、「マテリアルな消費に依存する幸福の彼方にあるものを追求する」（見田氏）、「足るを知る哲学は、人類の深い歴史に根ざしており、どの世界宗教も、物質主義を非難しているし、物質的な富を人生の究極の目的にすれば破滅につながると異口同音に語っている」（ダーニング氏）、などです。
②人とモノと自然との良好な関係、人と人とのつながりを重視するようになる。
「モノの質にこだわり、モノを生かすことを重視し、モノと自然、他者、そして自分が良好な関係を取り結んだ時に幸福が実現するという「真物質主義」によって、人とモノと自然との間に成熟した関係をつくり、物質文化の質的な水準を高めることをとおして、資源・環境問題に対する細やかで、柔軟で、ゆるぎない対応を実現することができる」（間々田氏）、「物自体を物神化するブランド信仰のような態度は次第に退潮していき、物はあくまで手段と考え、その手段によってどんな人とどんなつながりを生むことができるかということこそがもっと重視されるようになる。社会志向、利他主義、シェア志向、シンプル・カジュアル志向、日本志向、地方志向、物からサービスへなどと動くが、シェア志向の価値観と行動こそが、これからの消費の基礎となっていくものである」（三浦氏）、などです。
③モノよりも、文化や文化的価値を重視するようになる。
「モノはほんらい、技術だけではなく文化の産物でもあるが、20世紀の産業資本主義は、それを技術の次元に還元し、文化から切り離そうとしてきた。その限界地点で、ようやく、

欲望を産業技術のフロンティアの奴隷にすることから解放されようとしているのではないだろうか。欲望を文化的なイマジネーションの世界へ取り戻すことができるようになってきたのではないだろうか」(佐伯氏)、「いかにして楽しく、美しく、いかに充実し、自分を生かした人生を送るかということに関心がシフトしているように思われ、「機能的価値から文化的価値への価値の再設定」が生じている」(間々田氏)、「対抗発展では、経済以外の価値、経済活動以外の人間の活動、市場以外のあらゆる楽しみ、行動、文化を発展させる。テレビで文化を見る、機械で音楽を聴くのではなく、自分で芝居を作る、踊る、歌うというような文化を創る能力、生きていることを楽しむ能力を身につける」(ラミス氏)、などです。

④簡素でありながら深い満足を得る暮らし、人の技を生かす暮らしを重視するようになる。「経済発展の中で、人間は、生産の手段である「人材」、消費をすすめる手段である「消費者」とみなされてきたが、こういう見方から普通の「人間」に戻ること、即ち、仕事自体の楽しさを再発見すること、物を少しずつ減らして、物がなくても平気な人間になることをめざす」(ラミス氏)、「いまの私たちは、いろいろな機械に頼って暮らしているが、暮らしから機械を減らして人間の能力を高めるような道具を増やし、大工仕事、裁縫、食べ物生産といった能力や技術を復活させれば、人間本来の快楽や幸せを感じる能力を発展

させ、いまでは想像できないような新しい能力、技術、文化が生まれてくるはずである」（ラミス氏）、「簡素でありながら深い満足を得られる新しい生き方をつくれるかどうか。足るを知る哲学を受け入れて生きるとき、私たちは、文化的な意味において、人間の家に帰ることができる。手の技や創意工夫、創造を敬うこころへ、ゆっくりとした毎日の生活リズムへ、人生を過ごすに値する共同体へ、何世代もの人びとの思い出に充ちたふるさとへ、帰ることができる」（ダーニング氏）、などです。

⑤ゆっくりとした時間、生きていること自体のよろこびを享受するようになる。

「自由時間、本当にやりたいことをやる時間、人間が「生きている」時間を、少しずつ求めたり増やしたりする」（ラミス氏）、「定常社会の豊かさを実現するためには、「よりゆっくり、より近くへ、より曖昧に」と転じることが必要である。いままさに「脱成長という成長」を本気で考えなければならない時期を迎えている」（水野氏）、「他者や自然との直接の交歓や享受の諸々のエクスタシーは、他の何ものの手段でもなく、それ自体として生の歓びであるけれども、資源採取や自然解体、他者収奪を必要とすることはない。生きるということは、どんな生でも、もっとも単純な歓びの源泉である。マテリアルな消費に依存する幸福の彼方にあるものを追求するならば、他者が他者であり、自然が自然であるという仕方で存在することだけを必要としていることを見出すはずである」（見田氏）、などです。

大量生産と大量消費により、物質的豊かさをひたすら追い求めてきた20世紀でしたが、消費社会は多くの限界と問題点――人の孤立化・孤独化・こころの疲弊、地域の自然の荒廃と文化の喪失、世界規模での格差、地球環境の破壊等々を生み出してきました。そしていま、人びとは、モノの消費が幸福や生きるよろこびをもたらさないことに気づきはじめ、モノを消費することよりも、人とモノと自然とのかかわり、人と人とのつながり、文化や文化的価値、簡素でありながら深い満足を得られる暮らし、人の技を生かす暮らし、ゆっくりとした時間と生きていること自体のよろこびの享受、などを重視する方向へとかわりつつあるといえるようです。

モノの消費と消費社会について思いをめぐらせつつ、あなたもシンプル&ミニマルな暮らし、はじめてみませんか？

（1）間々田孝夫『第三の消費文化論――モダンでもポストモダンでもなく』ミネルヴァ書房、２００７

第5章

生きるよろこびのある小さな暮らし

できるだけ少ないモノで最大の幸福を得る

先の章では、かつて究極の循環型社会を築いてきた日本においても、消費社会化がすすむなかでこれらをすっかり忘れ、モノにあふれる暮らしをするにいたったこと、しかし近年、モノの消費が幸福や生きるよろこびをもたらさないことに人びとが気づきはじめていること、などを述べてきましたが、実際にシンプル＆ミニマルな暮らしを続けてきた人、あらためて暮らしを見なおしシンプルライフを実践する若い人もあらわれてきています。

そこでこの章では、こういった暮らしを取りあげている書物や映画を紹介しながら、モノが少ない幸せとは？幸せとはなにか？について考えてみたいと思います。いずれも、幸せとはなにかを考える上でたいへん参考となる書物や映画ですので、ぜひ原本などをご覧いただければと思います。

まずは、鈴木孝夫氏の『人にはどれだけの物が必要か』です。[1] 第4章で述べたように、消費社会の仕組みを知るなかで、モノの消費に翻弄されることがばかばかしく思えて、消費への関心がすっかり薄れていたころ、この本に出会い、たいへん感銘を受けました。以下でそのエッセンスを簡単に紹介しておきたいと思います。

言語学者で生物学にも詳しい鈴木氏は、「できるだけ少ない物、できるだけ少ないエネルギー消費でいかに最大の幸福を得るか」という暮らしを続けており、ほとんど新しい物を買わず、すべての物を長くたいせつに使い、親せきや知人が不要だという物をもらって使っているとのことです。そして、こういう暮らし方は、ゴミを出さずにすみ、お金があまりいらず、したがって無理して働かなくてよく、したいことをする時間が生まれ、他人の持っている物や流行には無関心になるので、自分流の個性的な生き方を楽しめ、毎日を楽しく生きることができ、しかも、消費物質やエネルギーの総量を、極めて小さなものにおさえることができるのであるから、世界が直面する環境や資源の点でも理想に近い生き方であるだろうと述べています。

そして、環境破壊の実例として紙の原料となる森林の現状を記した上で、貴重で残り少ない資源が、たくさんのエネルギーを使い、いろいろな環境汚染を引き起こしながら紙となり木製品となったものを、特定の目的にちょっとだけ使い、あとはポイとゴミにしてしまう現代の文明人と称する人びとの生き方は、狂気の沙汰としかいいようがないと述べています。

経済の面についても、近代の経済活動の目的は、原料の入手から生産製造、販売のすべてにおいて、できるだけ早く投下資本を回収し、なるべく大きな利益を得ることであり、その達成のためには、極端にいえば、なにをしてもよいという考え方が根底にあり、人間の利益だけを指標にしているが、人間は、約3000万種の多種多様な生物の一員にすぎないことを忘れて、多くの貴重な生物を死に追いやり、森林や農地を荒廃させ、地球の全生態系を攪乱し続けることは、とうてい許されることではないし、命あるものを単なる物質と同一視することがそもそも誤りであると指摘しています。そしていまこそ、物をつくるときや使うとき、捨てるとき、それが地球のためにプラスになるのか、地球の秩序や調和を乱さないのかということを必ず考えるという「地救（球）原理」で生活を見なおすべきであると述べています。

さらに、日本文化には、「お陰様で」「勿体ない」という考え方があり、近代化する以前の日本には、地球にもっともやさしい暮らしをしていたという伝統もあるので、地救（球）原理による生き方を、世界に対していちばん提示しやすい立場にあるのが日本であると指摘しています。

このように、少ないモノによる暮らしは、むしろ人に幸せや楽しみをもたらし、地球上のすべての生き物と共存できること、そして昔の日本にはこういった暮らしがあったこと、などが述べられています。

（1）鈴木孝夫『人にはどれだけの物が必要か』飛鳥新社、1994

モノが少ない幸せがある

消費社会が爛熟し、モノにあふれかえった暮らしをする日々のなかで、モノは幸せを生み出してくれるのか？モノがあるから幸せなのか？といった疑問を持ち、モノとのかかわりで幸せを考え、むしろモノの少ないシンプルな暮らしのなかに人生の幸福を見出そうとする志向が若い世代の間でも広がってきていますが、そうした志向に関する書物と映画を紹介したいと思います。21世紀に入って気候変動による影響は一層激しくなり、温室効果ガスの削減や地球環境との共存がますます求められているなかで、若い人の間でもモノ離れが進みつつあることはたいへんよろこばしいことだと思います。

まずは、ご存じの方も多いと思いますが、世界各国で翻訳されたベストセラーである佐々木典士氏の『ぼくたちに、もうモノは必要ない。』です。(1) この本は、2015年ころからのミニマリスト・ブームの火つけ役となりました。

本書の冒頭には、「モノが少ない幸せがある。だから、ぼくたちに、もうモノは必要ない。ぼくはモノが少ないことのすばらしさを、この本で伝えたい」と書かれています。ミニマルな暮らしの「幸せ」を論じている点は、鈴木氏と同じです。以前の佐々木氏は、モノが大好きなこだわりの人で、ミニマリストとは正反対のマキシマリスト（最大限主義者）であったとのことで、モノがたまる一方の汚部屋で暮らしていましたが、せっかく集めたモノを活用できず、自分を責め、いくら集めても足りないモノばかりに目がいき、他人を妬み、自己嫌悪し……と悪循環に陥っていました。これらの反動で、モノを捨て、ミニマリストになったということです。

産業が発達する前の日本人は、みんなミニマリストだったという指摘も鈴木氏と同じです。禅の文化やスティーブ・ジョブズについても言及しています。そして、近年、ミニマリストが生まれてきている背景として、①現代では情報とモノが増えすぎてうまく処理しきれておらず、これらを減らして身軽にしていくしかないこと、②モノを持たないですむようなモノとサービスの発展（スマホやパソコンがあればいろいろな機器を持たなくてすむなど）やシェア文化の浸透、③東日本大震災が、「モノ」に対する考え方に決定的な変更をせまったこと、などを指摘しています。

ミニマリストになった佐々木氏は、日々の行動が変わり、以前よりも大きな幸せを感じながら生きているとのことで、モノを持たず、ゆったりした時間がある、毎日の生活を楽しめ、生きているだけでも充分という気がする、人とはもう比べないので、みじめな気持ちにはならない、人の目線が気にならないので、思い切って行動ができる、集中力は高まり、過去のトラウマに縛られることもなく、将来の不安に怯えることもなく、今、ここをしっかりと感じることができる、そしてすべての「今」に感謝し続け、すべての「今」を肯定的に見続けたいと述べています。

（1）佐々木典士『ぼくたちに、もうモノは必要ない。』ワニブックス、2015

持っているモノの多さで幸せは計れない

佐々木氏がミニマルな暮らしを実践しようとしていたころに、共感を覚えたという映画が『365日のシンプルライフ』でした。[(1)] 2013年にフィンランドで公開されて大きな話題を呼び、各国で上映され、若い人のモノにかかわる行動に少なからぬ影響を与えた映画です。斬新な発想による暮らしの実験への驚きとともに、人にとってモノってなんだろう、幸せってなんだろう……と静かに問いかけてくる、こころに残る作品になっています。

以下で簡単に紹介してみたいと思います。

映画は、主人公である監督が、失恋をきっかけに自分の気持ちをリセットしようとしてはじめた365日の実験生活を描いています。モノから解放されたい、ほんとうに必要なモノはなにかとの思いから、まずは、部屋にあるすべてのモノを倉庫に預け、1日1個だけ持ち帰り、これを1年間続け、1年間なにも買わない生活をするという実験です。

雪の積もる冬場に実験をはじめて、1日目はコートを着て帰り、これを体に巻きつけて寝ます。住まいがしっかり断熱気密化され、おそらく暖房システムが完備されているので、コートだけで眠ることができるのだと驚きました。2日目以降、ケット、ジーンズ、靴、シャツ、マットレス、靴下などを順に持ち帰り、家族や友人に支えられながら実験を続けていきます。

こんな生活の中で、主人公は、「何もかもイヤだ　最初の50〜60個以降何も欲しくないこの先どうすればいい?」と悩みつつ、一度故郷へ帰り、祖母に話をしたところ、「持っているモノの多さで幸せは計れない　人生はモノでできてない　別の何かが必要だよ」という助言を得ます。

そして、365日目、「生活に必要なモノは100個くらいだとわかった　次の100個は生活を楽しむため　所有とは責任でありモノは重荷になる　どんな責任を負うか僕は自分で決める　祖母の言葉は正しいと思う　人生はモノでできてない」という言葉で締めくくられます。「所有とは責任である」という言葉は、人と人、人と生き物、そして地球全体とのかかわりからいっても、たいへん重い言葉だと思います。

また、映画のＤＶＤに添えられた冊子には、フィンランドのシンプルライフのことなどが記載されています。[2]「「その後」の監督」というインタビュー記事によれば、フィンランドは世界有数のシンプルライフの国で、多くの人はモッキと呼ばれる小屋を持っていて、夏と冬2回の長い休暇を自然とともに過ごし、見違えるようになって日常にもどってくるとのことです。こういった暮らしの素地があって、この映画が生み出されたことがわかります。また、「配信裏話」には、この映画が日本で２０１４年に公開され、２０１５年にＤＶＤが発売されたころから、二つのブームと併走することになったことが記されています。一つは、２０１２年から発表されている「世界幸福度ランキング」で北欧諸国がつねに上位を占め、２０１９年と２０２０年にはフィンランドが1位となったことによる「幸せな北欧のシンプルライフ」ブーム、そしてもう一つは、前の項でも紹介した「ミニマリスト」ブームです。

（1）ペトリ・ルーッカイネン監督・脚本・主演『３６５日のシンプルライフ』パンドラ＋kinologue、２０１３（ＤＶＤ）
（2）Kinologue（森下詩子）編『AFTER THE CINEMA 映画のその後を語る本』Kinologue books、２０２０

小さな家の小さな暮らし――自分をほんとうに幸せにするモノ

アメリカの西海岸で広がりを見せる「タイニーハウス・ムーブメント」も、こういったシンプルライフの流れのなかにあるといえます。この動きをわかりやすく伝えてくれているのがロードムービー『simplife』で、そのパイオニアたちを訪ね、幸せとはなにかを問いかけています。[(1)(2)] 以下で簡単に紹介してみたいと思います。

タイニーハウスとは、10〜20㎡くらいの小さな家のことで、トレーラーハウスやコンテナハウス、キャンピングカーなども含みます。ほとんどが、それぞれの要望に応じたオーダーメイド、あるいは手づくりで、空間を最大限生かして台所や食事空間、くつろぎ空間などをコンパクトに収め、上部のロフトを就寝スペースとしています。また、環境に配慮した廃材や古材、リユース品やリサイクル品、ソーラーパネルなども多く使われています。

わたし自身も27㎡のフラットのアパートで単身生活をしていますが、自分の周りになんでもあるので、余計に動かなくてもよいし、1階と2階の行き来もありません。1人で暮らすのであれば、寝室とか食事室とかは、機能が分かれているよりも一つの部屋を転用するほうがずっと機能的で便利であることを実感しています。自宅は2階建てで、機能が分かれていてたいへんなので、単身生活が終わってからは、仕事場を兼ねた小さな住まいで必要なモノだけに囲まれた小さな暮らしをすることにして、第3章で紹介した吉野杉の家は、吉野杉（地域材）や自然素材、匠の技の魅力を多くの人に知ってもらえるような場として、有効に活用したいと思っています。

さて、映画についてですが、まずは、ブームの火つけ役となったジェイ・シューファー氏が紹介されています。シューファー氏は、つねにたくさんのモノとスペースを求めているアメリカ人にシンプルな暮らしの意味を伝えたいと思い、2000年にタイニーハウスを完成させて住宅雑誌のコンテストに応募したところ、「最も革新的な家」に選ばれました。メディアにも取りあげられて、タイニーハウスのムーブメントはどんどん大きくなったとのことです。シューファー氏のタイニーハウスはポーチを含み11㎡で、玄関を入ると通路の両側に台所と風呂・トイレがあり、その奥にソファや椅子、机などが置かれたスペースがあって、ロフトが就寝の場となっています。

また「シェルター・パブリケーションズ」編集長のロイド・カーン氏は、2012年のタイニーハウス・ブームのなか、『タイニー・ホーム――シンプル・シェルター』という本を著しています。カーン氏は、構造物を意味する「ハウス」ではなく、暮らしの場所を意味する「ホーム」という言葉を使っており、たいせつなのは、小さな「暮らし」であると述べています。これは、日本語でいえば「住宅」と「住居」の違いに相当する概念だといえます。わたしの専門分野は「住居学」ですが、住居学とは、空間にかかわる「暮らし方」の学問であると定義できますので、カーン氏の意見に大賛成です。

この映画では、タイニーハウスをめぐるさまざまな暮らしの事例や考え方、生き方などが紹介されていますが、内容は、大きく、コミュニティや人とのつながりに関する事例と、モノと生き方に関する事例とに分けることができます。まず、前者では、緑に囲まれた菜園もある敷地のなかに、住まい手が各々のタイニーハウスに住みながら一つの大きな家を共有し、いっしょに食事するなどして、みんなで暮らすことをたいせつにしている事例や、一人暮らしの女性が親友の家の裏庭を借りて、トレーラーの上に約9㎡のタイニーハウスを建てて、親友や周りの家の子どもたち、一人暮らしの高齢者などとともに、まるでみんなが家族のように暮らす事例も紹介されています。

こういったコミュニティの事例からは、大きな家で多くのモノを所有して、個人あるいは家族で暮らしを完結させることが理想だという認識から、個人や家族はコンパクトな家と少ないモノで暮らしながら、みんなで建物や庭を共有して他者とのつながりをたいせつにする暮らしに幸せがあるという考え方へと変わろうとしている様子がうかがえます。

モノとのかかわりについては、人生を見なおし、生き方を変え、モノや大きな家を手放し、タイニーハウスに移り住んだ人びとの暮らしが描かれています。ここでは三つの事例を紹介してみます。

大規模商業施設の意匠設計にたずさわってきた建築家は、長時間通勤の途上で交通事故に巻き込まれ、人の死の瞬間を目にして衝撃を受け、人生でやることがたくさんあると感じ、建築を一から学びなおそうと思い立ちました。そして、ワークショップに参加したり、ペルーやメキシコなどを旅したりするなかでタイニーハウスを知り、自身もタイニーハウスに住みつつ、人生を見なおしたい人、よりシンプルに暮らしたい人を応援するためにタイニーハウスつくりを仕事にすることにしました。

2・2haの敷地に配された4人家族の家は、トレーラーの上に建てた20㎡の母屋、息子用15㎡のツリーハウス、娘用11㎡のキャビン、発電機やソーラーシステムが収められた物置、そして屋外の食事スペースや暖をとれる休憩スペースなどで構成されています。以前は185㎡の家に住んでいましたが、アメリカンドリームどころかアメリカの悪夢だとすぐに気づき、家や車など多くのモノを手離し、メキシコで5カ月間過ごしたあと、いまのところへ移り住みました。現在は、昔の1割くらいのモノで暮らしています。

タイニーハウスの先駆者であるシューファー氏自身も、子どものころ、370㎡の家に住んでいましたが、広い家のローンの支払いなどで一生懸命働く必要があるので誰も幸せではなかったという体験から、幸運にも子どものころに幸せの裏側をみることができたと述べています。これは、先の項で言及してきた鈴木氏や佐々木氏の考え方――少ないモノでシンプルに暮らせば過剰に働く必要もなく、時間が生まれ、したいことができる――と共通していると思います。

これらの事例からは、人生を見なおし、ほんとうに必要だと思うモノだけに減らし、消費社会化が未だゆるやかな国での暮らしを経験するなどして、タイニーハウスにたどり着いていることがわかります。

そして最後にシューファー氏の言葉が流れます。「シンプルというのはとても贅沢だということです。自分の人生を豊かにしないものを全て取り払い、自分を本当に幸せにするものを知ってそれに従っていくのです。あなたを幸せにすると「思わせる」モノを持つかわりにです。これがあれば幸せだってものを挙げたらクレジットカードがいくらあっても足りません。それが消費社会というものです。」まことに名言ですね！

（1）Yuichi Takeuchi Producer『Simplife』2017（DVD）.
（2）Yuichi Takeuchi Producer『Simplife BONUS FOOTAGE』2017（DVD）.

「幸せ」を探して――幸福度を高める行動

最後に、ずばり「幸せ」とはなんでしょうか？どういう状態を指すのでしょうか？ この問いに答えてくれるドキュメンタリー映画が『Happy――しあわせを探すあなたへ』です[1]。近年の多彩な幸せ研究の成果や理論がさまざまな具体例を織り込みながら展開されていく奥深い作品となっています。内容は多岐にわたりますが、要点を簡単に紹介してみたいと思います。

まず、各種の研究成果について述べてみます。幸せとは、一般的には経済的な豊かさとの関係が深いように思われがちですが、たとえばアメリカの場合、過去50年の間に経済が飛躍して大きな家や車を持つようになりましたが、アメリカ人の幸福度はあまり変わらず頭打ちとなっており、両者にはあまり関係がないことが示されています。そして、幸福度を決める要因としては、「遺伝」が5割を占めますが、残りのうち、職業・財産・地位といった「生活環境」はたったの1割で、4割は「意図した行動」だということ、つまり、個々人の行動によって幸福度を高めることができるということです。また、人生のゴールや価値は二つに大別することができ、一つは対外的なゴール（経済的成功、容姿などのイメージ、地位や名声など自分の外部に重きを置く）、もう一つは本質的なゴール（それ自体で満足が得られるもの、本質的欲求を満たすものを重視する）で、前者に固執する人は、人生の満足度が低く、精神的に不安定で、日々の活力も少なく、後者を求める人は、元気で、こころの平安も保たれているとのことです。

幸福度を高めることができる行動として次のような点が挙げられています。①エクササイズ――有酸素運動で幸せ物質のドーパミンが出る、②なにかに集中、没頭するフロー体験――日常にフローがある人のほうが幸せである、③逆境の克服――苦痛なしの快楽はありえず、逆境は悪いことではなく、いかに早く克服できるかが幸福の鍵を握る、④助けあい、友人や家族とのつながり――幸福度が高い人は、例外なくこれらがあり、人との絆や交流は、人間の脳に本質的なよろこびを与え、ドーパミン反応が起こり、コカインの服用と同じくらい気持ちいいことである、⑤自分はなにを持っているか（なにができるか）を意識する――自分が持っていないものではなく持っているものへの意識転換が幸福度を高め、持っているもので他者に貢献する、⑥慈愛、感謝の気持ち――愛情や優しさについての瞑想は幸福度を大幅に向上させ、強力な抗うつ剤をしのぐ効果があり、また週に一度、感謝すべきことを思い起こし紙に書くと幸福度が向上したという研究結果もある、などです。

幸福度を高める行動の具体例について述べる前に、幸せでない国と幸せをめざす国の例も紹介しておきたいと思います。幸せでない国として挙げられているのは、残念ながら、先進国中で幸福度がもっとも低い日本です。第二次大戦後、経済的成長と物質的繁栄に重きを置き、これらの目標を達成しましたが、達成してもなお、長時間過酷なストレスに耐え、命を削って働き続けており、「過労死」という言葉も存在していることなどが紹介され、このような状況が幸福度を下げているのかもしれないとコメントされています。そして、お盆休みも満足に取れず仕事に追われ、ついに過労死した男性と、残された妻、幼い子たちの悲しみと苦しみが描かれています。

これに対して、幸せをめざす国として挙げられているのがブータンです。ブータンでは、ほかの途上国と一線を画し、GDPを超えてGNH（国民総幸福）を掲げ、社会の究極の目的は、人びとに長く幸せな日々を過ごしてもらうことであるとして、国土の6割を占める森林や、僧院や学校といった文化施設も国家によって守るなど、政府がGNHを守る土壌を築き、GNHを最大にしようと試みています。ある政府高官は、幸福度はわたしたち自身に内在するもので、家や車、洋服といった物質的なものではこころの安らぎは得られず、これらは刹那的なよろこびであると述べています。

（1）ロコ・ベリッチ監督『Happy――しあわせを探すあなたへ』ユナイテッドピープル、2012（DVD）

「幸せ」を探して――幸せな世界を創る

先に示した幸福度を高める行動項目に照らして、その具体例をいくつか紹介してみます。

①エクササイズ、②フローの例

ブラジルで海の近くの小さな家に住み、40年間サーフィンをして暮らしている男性は、サーフィンは大自然と調和している自分を体感でき迷いを消してくれる、自分で選んだいい人生だと思う、金ばかりかせいでなんの意味があるのか、夢を見ることもなく幸せを実感できないなんて、と述べています。

③逆境の克服の例

アメリカに暮らす美貌の女性は、トラックにひかれて顔に大きな傷を負い、30回もの手術を受け、自殺も考えましたが、やがて自分の人生をすべて受け入れることでこころの平安を取りもどし、新たな出会いも生まれて再婚し、幸せな人生を歩んでいます。昔より幸せ、こころが安定している、なにが起きても人生を決めるのは自分だ、と述べています。

④助けあい、友人や家族とのつながり、⑤自分の持っているものを意識するの例

インド・コルカタの貧民街に建つバラックに家族と暮らす人力車夫の男性は、仕事から

帰ると子どもをみるだけでこころは満たされ、自分は恵まれている、貧しくても幸せだ、近所の人もいい人ばかりだ、と述べています。幸福度はアメリカ人の平均的数値と変わらないとのことです。

アメリカ・ルイジアナ州のミシシッピ川下流デルタ地帯に暮らす男性は、自然の中で、近隣に住む兄弟姉妹や子どもたちとともに、物質的には質素だが幸せに囲まれて暮らしており、少なくとも週に1回はみんなで集まって食事しているとのことで、映像に映し出されている食べ物はすべて自然の恵みなのでゼロ円、集まった人は、誰かがなにか必要になったらみんなでなんとかするし、家もみんなで建てた、と述べています。

デンマークは、平等な社会と高い生活水準、大学までの教育費と生涯の医療費は無料など、もっとも幸福な国といわれていますが、コ・ハウジング（複数の家族が同じ敷地や建物に住み、当番制で食事をつくっていっしょに食事するなど、暮らしの雑務や特権を共有）には、ほかの先進国よりも多くの人が住んでいます。離婚直後に子どもたちとともに、20家族が暮らすコ・ハウジングに移り住んだ母親は、まるで大きな家族のようで、子どもたちには家にも友達がいて、つねに大人が見守ってくれて、年配者も祖父母のように愛情を注いでくれる、と述べています。

⑥慈愛、感謝の気持ちの例

インド・コルカタの「死を待つ人々の家」（マザーテレサの家）でボランティアをしている男性は、長い間銀行に勤め出世をめざしてきましたが、人生にはそれ以外になにかが存在するはずだと人生の意味について考えていたころ、この家を手伝う機会を得ました。この家でもっとも重要なのは、人びとに、自分は神に愛されていて、誰かがたいせつに思ってくれていると感じてもらうことであり、困っている仲間を助けることで自分の人生も充実する、幸せな人生だと思いませんか？と述べています。

この事例のあとに、慈愛や感謝の気持ちの重要性について、研究者の見解が紹介されています。「感謝や慈愛というスピリチュアルな感情は、自分より大きな存在に気づかせてくれます。自分だけの幸せを求めるのではなくスピリチュアルな感情で全世界のためにころを開くことでわたしたちの人生は豊かになります」「毎日私たちがほんの少しの時間であっても慈愛や利他心などの美徳を養っていけば世界はよりよくなります。われわれの脳も、よりポジティブになります」「過去を断ち切って生き方を変えるのではなく、本当の自分に気づくことが幸せの鍵です」などです。

そして最後は、「幸せになるための方程式は人によって違いますが、好きなことをすることが幸せの土台となります。遊ぶこと、新しい体験をすること、友達や家族をたいせつにすること、意義あることをすること、持っているものに感謝すること、ここから幸せが生まれるのです。しかも無料です。あなたが幸せになることでより幸せな世界を創れるのです」というナレーションで結ばれています。

こういった幸せについての書物や映画にふれるなかで、「もったいない、ありがたい、おかげさま」というこころは、自分自身の幸福にもつながるのだとあらためて認識することができました。

あなたも、幸せと生きるよろこびのある小さな暮らし、そして「もったいない、ありがたい、おかげさま」のある「持続可能な暮らし」、はじめてみませんか？

【トピック②】持続可能な暮らしのチェックリスト

ここでは、各章で述べている食、住、シンプル&ミニマル（衣を含む）、生きるよろこびなどについて、主な項目をチェックリストとして一覧してみました。一覧表には、わたしがふだんおこなっていることやこころがけていること、今後おこないたいこと（薄い網掛け）、おこなうとよいといわれているけれど実践はむずかしそうなこと（濃い網掛け）を記入しています。右側には、各項目に関連する本書のページを記載しましたので、詳しくはそちらをご覧いただければと思います。

また、項目の左側にはチェック欄を設け、読者の方も、該当する項目にチェックを入れることができるようにしてみました。一覧表の下部には、空欄も設けておきましたので、これらの項目以外で実践されていることや、今後してみたいことを記入するなどしてみてはいかがでしょうか。政府も、脱炭素社会の実現に向けて、「COOL CHOICE」や「デコ活」の取り組みを進めていて、HPには、暮らしにかかわる具体的な行動や地球温暖化の現状など、たくさんの情報が掲載されていますので、ご参照いただければと思います[1]。

読者のみなさまのオリジナルな「持続可能な暮らしチェックリスト」つくりに少しでもお役に立つことができれば、たいへんうれしく思います。

（1）環境省「COOL CHOICE」https://ondankataisaku.env.go.jp/coolchoice/（2023.9.9）
「デコ活」（脱炭素につながる新しい豊かな暮らしを作る国民運動）
https://ondankataisaku.env.go.jp/decokatsu/（2023.9.9）

【食関連①】

✓欄	シンプルな調理と片づけ	関連頁
	調理器具を最小限にする	21
	電子レンジは使わない	22
	調理で使う熱を最小限にする	21
	冷蔵庫の開閉を最小限にする	22
	食器を最小限にする	22
	ゴムベラできれいにぬぐう（食器や食品袋などについた食べ物）	51-56
	生ごみはほとんど出さない	21
	食器洗いなどの水を最小限にする	22
	使った水は洗い桶にためてシンク洗いなどに利用する	23
	台所用洗剤は使わない	22
	棕櫚（シュロ）たわしを使う	22
	へちまスポンジを使う	22
	樹脂系スポンジはできるだけ使わない	22

【食関連②】

✓欄	自然な食べ方	関連頁
	水分を多く含む食べ物を食べる	34
	新鮮な野菜・果物をとにかく増やす	36
	「生で食べる」機会を増やす	36
	果物と野菜を７割、凝縮食品を３割とする	34
	凝縮食品（米、肉、魚、乳製品など、果物と野菜以外のすべて）	
	一度に食べる凝縮食品を一つにする（大豆製品は可）	34
	果物は胃が空の状態で食べる	34
	穀物・果物・野菜・豆類等を丸ごと自然のままに食べる	35
	植物性 85%・動物性 15%とする	37
	食物繊維をしっかり摂って免疫力を高める	40,41
	発芽玄米飯を食べる	19
	血液をややアルカリ性でやや陽性に保つ食事をする	38
	小麦はほとんど食べない	16,17
	肉類と乳製品は食べない	41-44
	加工されすぎたものは食べない（精白米、精白糖など）	35
	脂物は控える	36
	カフェインを含む飲み物は飲まない	20
	アルコール類は飲まない	20
	一日一食	27-32
	人間の体の 24 時間周期に留意する	30
	4:00 ～ 12:00 排せつ（体内の老廃物と食物カスの排出）	
	12:00 ～ 20:00 補給（摂取と消化）	
	20:00 ～ 4:00 同化（吸収と利用）	
	夕食は就寝の３時間以上前に摂る	37
	一週間に一日だけ本断食をする	37

【食関連③】

✓欄	自然な食べ物	関連頁
	よい塩を選ぶ（平釜煮出し、天日干し）	37
	よい味噌を選ぶ（じっくり発酵、無添加）	37
	よい玄米を選ぶ（しっかり発芽、無農薬有機栽培）	45
	無農薬有機栽培の食材を選ぶ	47-50
	国内産の食材を選び食料自給率向上に寄与する	44-47
	他国の水資源を奪わない食材を選ぶ	46,47
	フード・マイレージの低い食材を選ぶ	46,47
	遺伝子組み換え食品を食べない	45,46
	人の体にもよく、土壌も水も汚さず、生態系も乱さず、温室効果ガスも出さず、エネルギーも費やさず、地球環境の改善にも寄与する食べ物を選ぶ	33-50
	自分で野菜を作る	
	自分で米を作る	
	暮らす土地の旬のものを食べる	38

【段ボール活用】

✓欄	段ボールの活用	関連頁
	日射や冷気をさえぎる	58-61
	家具等の下に敷く（動かしやすい、床を傷つけない）	61,62
	軽量、折りたたみ組み立て簡単という特性を生かす	63,64
	（衝立、衣類かけ、椅子、テーブルなど）	69,70
	〈ときどきの用途に応じてしつらえ、自在に暮らす（以下は作成例）〉	
	さまざまに組める多機能家具（物入れ、スツール、椅子、机、ベッドなど）	72,73
	家具にも使える引越し用ダンボール箱	74-76
	パーツの組みあわせでさまざまな暮らしの遊びができるドールハウス	76-78
	棚、収納つき畳床など、パーツの組み合わせで変幻自在な和室	77,79
	学習机にも使えるベビーベッド	79-81
	三輪車にも使えるベビーラック	80,81
	折りたたみ組み立て自在な一人暮らし用家具（机、椅子、テーブル、棚）	82
	陰影を生かした襖障子	83
	陰影を生かした CUBE LIGHT	83,84

【住関連①】

✓欄	冬暖かく夏涼しい住まいづくり	関連頁
	高断熱高気密化する	90,91
	夏場の風通しをよくする	110
	軒の出を長くする	60
	庇を設ける	60
	広縁を設ける	111
	東西南北の窓と高窓を活用する	110
	〈外断熱二重通期工法の効果〉	
	通気層内の空気の流れで夏涼しく冬暖かく過ごせる	91-93
	床・壁・天井が同じような表面温度となる	93
	吹き抜けと天井扇の設置で家全体を同じような室温に保てる	96,97
	天候にかかわらず湿度が安定する	101-108
	夏場も窓を閉めて暮らせる	100-104
	夏場の夜間、冷房なしで眠れる	100
	建物内部（構造体部分）の結露が防げて建物が長寿命化する	93
	家の北側や押し入れなどに湿気がこもらず結露も防げる	93
	上下の壁の位置をできるだけそろえると効果が高まる	96,97
	開放的あるいは開閉自在な間取りとすると効果が高まる	96,97
	2階部分に傾斜天井を設けると効果が高まる	96,97
	玄関部分に玄関室を設けると効果が高まる	96,97
	浴室と洗面所の間に脱衣室を設けると効果が高まる	96
	〈長く住みつづけられる住まいづくり〉	
	シンプル明快で丈夫な架構とする	109
	自在に暮らせる間取りとする	109,110
	家族や家の気配を感じる間取りとする	110,111
	家事動線を円滑にする	111
	公から私への明快な動線とする	111,112
	バリアフリーとする	111
	定期点検等のメンテナンスを怠らない	116
	〈地域材と自然素材の活用〉	
	地域材（吉野杉）を活用する	116-118
	間伐等管理された地域材を使う	116-118
	無垢材を使う	98,99
	木、土、草、紙といった自然素材を活用する	98,99
	木材の手刻み加工、塗り壁、手づくり建具など匠の技を活かす	112,113
	よい素材、よい道具、よい技によるお刺身のような家とする	112,113
	地域材等の魅力を知ってもらう場として活用する	173

【住関連②】

✓欄	省エネルギーな住まい方	関連頁
	夏場は、終日、南側からの日射をさえぎる	58,59
	夏場の午前中は、東側からの日射をさえぎる	58,59
	夏場の午後は、西側からの日射をさえぎる	58,59
	夏場は、北側の光と、午前中は西側、午後は東側からの光で暮らす	60
	冬場は、日射をできるだけ採り入れる	58
	冬場は、窓からの冷気の侵入を防ぐ	58,59
	夏冬ともにカーテンの裾を段ボールで押さえて熱気や冷気の侵入を防ぐ	58,59
	エアコンを使う場合の設定温度は、できるだけ、夏は高め冬は低めとする	100-109
	LED照明を使う	84,85
	不用な照明は消す	
	ペレットや薪等のストーブを使う	105
	太陽光発電と蓄電池を導入する	109
	再エネ由来の電力を使用する	109
	使わない時は家電のコンセントを抜くorスイッチ付き電源タップを使う	
	必要に応じて省エネ家電や節水型設備に変える	
	消費電力を見える化する	
	雨水を利用する	
	オフグリッドで暮らす	
	打ち水をする	143
	緑のカーテンを育てる	88
	地熱を利用する	
	湧き水などの自然水を利用する	143

【シンプル＆ミニマル（衣関連含む）】

✓欄	シンプル＆ミニマルな暮らし	関連頁
	ファッション性よりも機能性を重視する	124
	流行とは無縁な定番スタイルの服を選ぶ	124
	ファストファッションは購入しない	127,128
	まるで着ていないかのように着心地がよい服を選ぶ	124
	暑さや寒さの調節機能を重視する	124
	夏場は吸放湿性に富む素材を選ぶ	125
	冬場は軽くてあたたかい素材を選ぶ	125
	冬場は、下着と、その上に着るプルオーバーなどでしっかり寒さを防ぐ	125
	同じような気候の日が続く間は、ほとんど同じ服を着る	124
	劣化して物理的にダメになるまでとことん着る	124
	汚れ等の部分洗いをするなどしてできるだけ洗濯を控える	126
	最後はリサイクルに出す	125
	毛染めはしない	126
	トータル120 ℓ（夏場は100ℓ）で入浴する	133,134
	風呂の残り湯を利用する（洗顔、手洗い、雑巾洗い、衣類の部分洗いや手洗い）	134
	190品目くらいのモノで暮らす	128-131
	家具は最小限とする（机、椅子、収納）	129
	レジ袋はもらわない	23
	使い捨て食器を使った食べ物は食べない	23
	ペットボトル飲料は購入しない	23,136
	ほとんどゴミを出さない	23
	紙類は資源ゴミとして出す（自然食品店から届く週1回のカタログ、食品の紙ケースなど）	136
	郵便受けに「チラシ不要」と明示する	136
	樹脂製品はできるだけ使わない	23
	できるだけ修理して長く使う	165
	自転車か公共交通を利用する	129
	車が必要な場合はタクシーを利用する	129
	仕事場を兼ねた小さな家で小さく暮らす	173
	100品目くらいのモノで暮らす	128,170
	タイニーハウス（10～20㎡くらいの小さな家）で小さく暮らす	172
	タイニーハウスで小さく暮らしながら、みんなで建物や庭を共有してつながりをたいせつにする	174

【生きるよろこび（幸せ）】

✓欄	生きるよろこび（幸せ）のある暮らし	関連頁
	もったいない、ありがたい、おかげさまのこころを忘れない	166,183
	持続可能な暮らしに生きるよろこびを感じる	3,165
	持続可能な暮らしに関心を持つ	1-4
	地球環境問題に関心を持つ	41-50
	動物性食品と畜産業が招くさまざまな問題に関心を持つ	35
	「地救（球）原理」で暮らしを見なおす	166
	ゆっくりとした時間、生きていること自体のよろこびを享受する	160
	人とモノと自然との良好な関係、人と人とのつながりを重視する	158
	モノよりも、文化や文化的価値を重視する	159
	簡素でありながら深い満足を得て暮らす	159,160
	人の技を生かして暮らす	143,160
	シンプルという贅沢を知る	176
	足るを知る	160
	昔の日本の暮らしを知る	137-145
	記号消費に踊らされずに暮らす	145-153
	ほとんど新しいモノを買わず、モノを長くたいせつに使う	165
	できるだけ少ないモノとエネルギーで最大の幸福を得る	165
	物質消費は、生きるよろこびをもたらさないことを知る	157,158
	幸せとは、経済的な豊かさとはあまり関係がないことを知る	177
	持っているモノの多さで幸せは計れないことを知る	170
	対外的なゴール（経済的な成功、容姿などといったイメージ、地位や名声など自分の外部）ではなく、本質的ゴール（それ自体で満足が得られるもの、本質的欲求を満たすもの）に価値をおく	177,178
	幸福度を高めることができる行動をする（エクササイズ、なにかに集中・没頭するフロー体験、逆境の克服、助けあい・友人や家族とのつながり、自分はなにを持っているか（なにができるか）を意識し他者に貢献する、慈愛・感謝の気持ち）	178
	他者とは、人を含めて、動物や植物など地球上のあらゆる存在であるととらえる	3,166

おわりに

　わたしたちは、自分の力で生きていると思いがちですが、考えてみると、生きていく上で欠かせない酸素を含む空気、そして水も燃料も食べ物も、みんな自然の命のおかげで存在していますし、自然に依拠して、自然の命をいただいて生きているのですよね。酸素は、シアノバクテリアや植物が生み出してくれていますし、水のもとになる雨は、森やキノコが生み出してくれています。食べ物は命そのもので、人が育て収穫して（あるいは自然から採取して、漁獲して）、わたしたちのところにもたらしてくれています。外国からの輸入食材であれば、その国の自然環境や水を使い、その国の人々の労働で生み出されたものです。また、生きていく上で必要なエネルギーも、太陽光や風力を除けば、石油、石炭、天然ガス、木材など、いずれも命の恵みです。

　こういったあたりまえのことを、現代のわたしたちは、ときとして忘れてしまっているのではないでしょうか？　そして、わたしたちに恵みをもたらし、命を支えてくれている自然を、意図したことではないにしても、結果的に、危機に陥れ、破壊して、自分たち自身の存在をも脅かすにいたっています。

いま一度、暮らしや生き方を見つめなおし、地球上の生きとし生けるものが共存し得るような暮らしや生き方を取りもどしたいものだと思います。それが、ひいては、自分自身のほんとうの幸せと生きるよろこびにもつながると思っています。とはいえ、わたしの暮らしは、まだまだ不十分ですので、これからもできるだけ自然と共存していけるように精進していきます。

最後に、長い間の単身赴任生活を理解し支えてくれた家族に感謝するとともに、本書の刊行に尽力してくださった風媒社編集部林桂吾さんに感謝申し上げたいと思います。

2024年1月

松原小夜子

［著者紹介］
松原小夜子（まつばら・さよこ）
京都府立大学家政学部住居学科卒業
大阪市立大学大学院生活科学研究科修了（学術博士）
椙山女学園大学生活科学部教授
単書：『住まいとステータス―住宅近代化の日本的逆説』（海青社、2001年）、『持続可能な暮らし×自然系ゲストハウス―脱消費、スロー、ミニマル、ローカル』（風媒社、2020年〔2022年度日本環境共生学会学会賞著述賞受賞〕）
共著：『住生活と文化―文化の伝承と創造をめざして』（開隆堂出版、1989年）、『インテリアデザイン教科書』（彰国社、1993年）、『地域と住宅』（勁草書房、1994年）、『京の町家考』（京都新聞社、1995年）、『現代住まい論のフロンティア―新しい住居学の視角』（ミネルヴァ書房、1996年）、『現代住居のパラダイム―現代化と伝統のはざまで』（ドメス出版、1997年）、『住まいの管理』（彰国社、2003年）、『新版家政学事典』（朝倉書店、2004年）、『住居学事典』（朝倉書店、2004年）、『私たちの住居学―サスティナブル社会の住まいと暮らし』（理工学社〔2019年第二版オーム社〕、2006年）

持続可能な暮らしびとになりたい！　生きるよろこびを求めて

2024年3月20日　第1刷発行　（定価はカバーに表示してあります）

著　者　　松原 小夜子

発行者　　山口 章

発行所　風媒社
名古屋市中区大須1丁目16番29号
電話 052-218-7808　FAX052-218-7709
http://www.fubaisha.com/

乱丁・落丁本はお取り替えいたします。　＊印刷・製本／シナノパブリッシングプレス
ISBN978-4-8331-1155-3